Nathalie Penquitts
Longierschule

*Ausbilden mit
Präzision, Pep und Pferdeverstand*

KOSMOS

Inhalts-
verzeichnis

Vorwort

Im Bereich der Freizeitreiterei mangelt es an qualifizierten Ausbildern, die sich nicht zu schade sind, Pferde und Reiter ohne Rücksicht darauf auszubilden, ob ein späterer Einsatz im Turniersport möglich und erfolgversprechend erscheint. Zu den wenigen Ausnahmen, für die diese Gesichtspunkte nicht von Bedeutung sind, gehört Nathalie Penquitt.

Sie ist schon früh durch ihre Freiheitsdressuren mit ihrem Araber „Lucky" bekannt geworden.

Kennzeichen ihres Umgangs mit Pferden sind Einwirkungen ohne starken physischen und psychischen Druck im Rahmen einer logisch-konstruktiv gestalteten Ausbildung. Diese Eigenschaften spiegelt auch ihr Buch „Nathalie Penquitts Longierschule" wider.

Über das Longieren ist entsprechend dem zunehmenden Interesse in der Reiterwelt in letzter Zeit viel publiziert worden. Nathalie Penquitt bietet den Vorteil, dass jedes Kapitel nach Sinn und Zweck, Voraussetzungen, einer Beschreibung der Ausführung („So geht's"), wesentlichen Gesichtspunkten für den Erfolg („Hand und Fuß") und Feinheiten klar gegliedert ist. Damit werden praktische Anleitungen für Anfänger, aber auch Anregungen für Fortgeschrittene geboten.

Detailliert beschrieben wird Nathalie Penquitts Ausbildungsablauf, in den auch Elemente der Freiheitsdressur miteinbezogen werden.

Dabei wird der Blick auch auf häufig vorkommende Fehler gelenkt, die unbedingt vermieden werden müssen, damit eine harmonische Beziehung zwischen Mensch und Pferd entstehen kann und erhalten bleibt.

Das gilt für die vielfältigen Möglichkeiten des Longierens: Zur Cavalettiarbeit, zum Longieren über Hindernisse, zum gleichzeitigen Longieren mehrerer Pferde und zur Arbeit an der Doppellonge werden praxisorientiert die wichtigsten Aspekte behandelt, die auch dem Autodidakten Möglichkeiten aufzeigen, um beglückende Ausbildungserfolge mit dem Pferd – und nicht gegen das Pferd – zu erarbeiten. Damit ist das Buch ein gelungener Beitrag gegen den tierfeindlichen Trend unserer Zeit.

Richard Hinrichs

Einleitung

Beginnen möchte ich mit einer Geschichte, die mir erst vor kurzem passiert ist. Eine meiner Schülerinnen rief mich recht verzweifelt an, irgendetwas sei mit ihrem Pferd nicht in Ordnung. Es gehe an der Longe so lustlos und steif und ließe die Beine schleifen wie ein müder Ackergaul. Hoffentlich sei es nicht krank. Ich sollte es mir unbedingt ansehen. Sie konnte zuvor einige Zeit keinen Unterricht nehmen und hatte in der Winterzeit auch wenig Möglichkeiten zum Reiten. Sie kam also zu mir und führte mir das womöglich sogar kranke Pferd an der Longe vor. Nach einigen Minuten wurden verschiedene Unstimmigkeiten zwischen den beiden deutlich. Es fehlten klare Anweisungen, der Kreis wurde nicht rund und das Tempo war unregelmäßig. Ich longierte das Pferd

für eine Weile und siehe da, es wachte auf, die Gänge wurden schwungvoll, es bog sich und war aufmerksam. Das Pferd war wie ausgewechselt. Die Besitzerin stand kopfschüttelnd am Rand und konnte die wundersame Verwandlung ihres Pferdes kaum fassen.

Damit will ich sagen: Longieren ist noch lange nicht gleich Longieren.

Mit diesem Buch möchte ich die Tipps geben, die einem zum Longieren bisher immer gefehlt haben. Während ich neue Pferde und Reiter ausbilde, fällt mir immer wieder auf, wie nützlich das Longieren sein kann und wie nutzlos und schwierig es wird, wenn einem die entscheidenden Handgriffe fehlen. Darum lege ich großen Wert auf jeden einzelnen Handgriff und auf jeden einzelnen Schritt.

Mit den genauen Erklärungen wird der Leser in die Lage versetzt, jedes Pferd optimal longieren zu können, ohne Knoten in Longe oder Füßen.

Die Basis

Die Basis

In dem ersten Abschnitt beschreibe ich die Rahmenbedingungen und Ausrüstungsgegenstände. Weiterhin werden die Pferde vorgestellt, die in diesem Buch eine Rolle spielen.

▶ Bedingungen

Das Longieren stellt hohe Anforderungen an den Untergrund. Er muss besonders griffig und rutschfest sein. Die Überlegung, Weide oder Auslauf würden bestimmt genügen, nur „um ein bisschen zu longieren", ist nicht zutreffend. Gerade wenn die Pferde noch jung oder wenig ausgebildet sind, lassen sie sich auf der Weide leicht ablenken oder rutschen auf weniger optimalem Boden häufig aus. Das macht sie unsicher und hektisch und die Situation verschlimmert sich. Bei schlechtem Boden sollte man also besser auf das Longieren verzichten und auf Führtraining und Arbeit an der Hand ausweichen. Bewegungsmangel lässt sich auf ungünstigem Boden eben nicht beheben.

Für das Training an der Longe ist ein rutschfester Boden unerlässlich.

Zum Longieren ist nicht unbedingt ein Roundpen oder Longierzirkel nötig. Ein umzäunter Platz ist allerdings sinnvoll, falls man das Pferd in einer gefährlichen Situation einmal loslassen muss. Dann geht die Sicherheit der eigenen Hände vor.

Ob man Handschuhe trägt oder nicht, muss jeder selbst entscheiden. Sie schützen vor schmerzhaften Verbrennungen beim Durchrutschen der Longe. Manch einer meint aber, er hätte ohne Handschuhe mehr Gefühl in den Händen. Einen Finger ausrenken kann man sich auch mit Handschuhen, wie ich leider selber feststellen musste. Ohne Handschuhe hätte ich vielleicht eher losgelassen.

Eine Reitbahn oder Halle hat den Vorteil, dass man an der Longe auch Geraden üben kann.

Ein Roundpen ermöglicht es, auch frei mit dem Pferd zu trainieren. Optimal wäre, wenn beides zur Verfügung steht. Wenn nicht, kann man sich bei

In einer Halle oder auf einem Platz können gerade Linien geübt werden.

artigen Pferden auch mit einer provisorischen Halbierung der Bahn behelfen, um frei trainieren zu können. Wenn das Longieren besser funktioniert, ist auch

▶ Der Roundpen bietet die Möglichkeit, bereits Erlerntes frei zu überprüfen und zu ergänzen. Bei schwierigen Pferden kann er eine große Hilfe sein.

freies Training in der ganzen Bahn möglich, und das Pferd läuft von sich aus auf einem Zirkel um den Ausbilder herum.

In vielen Reithallen ist Longieren nicht erwünscht, weil es für den Boden schädlich sei. Dem kann man entgegen halten, dass ein gut longiertes Pferd den Boden nicht mehr strapaziert als ein gerittenes Pferd. Auf dem Weg dahin kann es allerdings schon hin und wieder „die Kurve kratzen".

Mit dem Longieren beginne ich erst ab einem Alter von ungefähr zweieinhalb Jahren. Es gibt zwar verantwortungslose Ausbilder, die meinen, ein Pferd dann schon reiten zu müssen, aber davon möchte ich mich distanzieren. Warum man ein so junges Pferd nicht reiten sollte, hat sich der denkende Leser sicher bereits selber überlegt. Man hat nun ein Jahr Zeit, mit dem Pferd an der Longe die Grundlage für die weitere Ausbildung zu schaffen.

Nach oben gibt es keine Altersbegrenzung, wobei es sich von selbst versteht, dass ein Rentner nicht bis zum vollständigen Schweißausbruch im Kreis herum geschickt wird.

▶ Ausrüstung

Es gibt verschiedene Möglichkeiten, sein Pferd zum Longieren auszurüsten. Ich longiere meist mit einem Halfter. Jetzt werden vielleicht viele aufmerken und denken, das bringe nichts und man habe sein Pferd so nicht unter Kontrolle. Das wäre schade! Allerdings muss man einiges beachten, um mit Halfter sinnvoll longieren zu können. Ein Kappzaum eignet sich auch gut zum Longieren, aber nur wenn er richtig passt und sicher sitzt. An der Trense longiere ich nie, um das Pferdemaul für das Reiten zu schonen. Nur um das Pferd an die Trense zu gewöhnen, lasse ich es sie beim Longieren unter dem Halfter tragen. Eine so genannte Longierbrille halte ich nicht für sinnvoll, da sie die Einwirkung über das Gebiss auf der Außenseite verstärkt.

HALFTER ▸ Das Halfter muss gut sitzen und darf auch bei Zug nicht sofort verrutschen, sodass es dem Pferd etwas am Auge scheuert. Daher eignen sich am besten Halfter mit einem beweglichen Ring zum Einhaken von Führstrick oder Longe. Sollte das Pferd am Halfter ziehen oder sogar bereits Erfolg beim Losreißen gehabt haben, benutzt man zusätzlich unbedingt eine Führkette, die, wie auf dem Foto gezeigt, verschnallt wird. Kein Pferd wird daran auf Dauer ziehen wollen. Die Schlaufe um den Hals wirkt, wenn das Pferd nach hinten zieht, und übt am Hals einen seitlichen Druck aus. Außerdem hängt bei dieser Verschnallung die Longe schön ruhig. Hat das Pferd dann gelernt, auf leichten Zug zu reagieren, lässt man die Kette wieder weg. Um den Übergang fließend zu gestalten, trägt das Pferd die Kette zunächst weiter, die Longe wird aber nur am Halfter festgehakt. So kann man bei

▸ So wird die Führkette zum Longieren eingesetzt, ohne zu verrutschen.

▸ Ein Kappzaum muss gut sitzen und darf sich nicht seitlich verschieben.

Bedarf jederzeit schnell umschnallen. Da das Pferd im täglichen Umgang meist ein Halfter trägt, ist es nur gut, wenn es auf leichte Signale am Halfter reagiert.

KAPPZAUM ▸ Kappzäume gibt es in diversen Ausführungen und Preisklassen. Wer sich nicht gerade auf das Longieren spezialisieren will, scheut meist vor der Ausgabe für einen teuren Kappzaum zurück. Es gibt eine preiswerte Alternative aus Kunststoff. Man muss allerdings auf eine gute Passform achten, sonst ist der Kappzaum wertlos. Er muss auf der Nase so fest sitzen, dass er nicht verrutscht und wackelt. Der so genannte Augenriemen verhindert, dass die Backenstücke seitlich in die Augen rutschen und muss deshalb fest verschnallt werden. Er darf also nicht in der Kehle sitzen.

DIE PEITSCHE ▸ Die Peitsche ist beim Longieren ein sehr wichtiger Gegenstand. Leider hat der Ausdruck Peitsche für viele einen negativen Klang, aber für uns hat sie selbstverständlich nichts mit dem Schlagen eines Pferdes zu tun.

Bei vielen Lektionen ist die Peitsche wichtig, um dem Pferd die richtige Richtung zu weisen. Ohne Peitsche wäre das oft nicht möglich oder der Mensch müsste viel mehr hin und her laufen. Das nähme ihm die Souveränität und er könnte nicht mehr so deutlich auf das Pferd wirken.

Natürlich ist die Peitsche auch zum Treiben da, aber es genügt eine leichte Berührung für den gewünschten Effekt, wenn sie im richtigen Moment erfolgt. Die Peitsche ist sehr wichtig, um dem Pferd deutlich zu machen, dass man es auch auf die Entfernung erreichen kann und es aufmerksam und ohne Verzögerung auf unsere Kommandos reagieren soll.

Es gibt viele verschiedene Arten von Peitschen. Je besser ein Pferd ausgebildet ist, desto unwichtiger wird die Beschaffenheit der Peitsche, da das Pferd meist schon auf kleine Zeichen achtet, die mehr oder weniger symbolisch gegeben werden. Die Art der Peitsche ist vielmehr wichtig, wenn ich noch deutliche Zeichen geben und sehr schnell reagieren muss.

Gut geeignet sind leichte Glasfibermodelle mit einem langen Schlag aus Leder, an dessen Ende noch ein kurzes Nylonbändchen, ein so genannter „Schmitz", geknüpft ist. Der Schlag sollte ungefähr doppelt so lang wie der Stock sein. Wer die einfachen aus Nylon geflochtenen Peitschen gewöhnt ist, wird sich erst an das Hantieren mit dem langen Schlag gewöhnen müssen. Bald aber wird er die angenehm leichte Peitsche, mit der man das Pferd erreicht, wenn es darauf ankommt, nicht mehr missen wollen.

▸ Ausbinden oder nicht?

Eine häufig gestellte Frage ist: Hat das Longieren ohne Ausbinder überhaupt Sinn? Ja, auf jeden Fall! Nur muss man es auch sinnvoll gestalten. Durch gutes Longieren kann man durchaus erreichen, dass das Pferd von sich aus eine schöne Haltung einnimmt und gleichmäßig und schwungvoll läuft. Das ist sicherlich mehr wert, als wenn man die Haltung vorgibt. Der Longierer kann seine Technik besser überprüfen und der Lerneffekt für das Pferd ist höher, wenn es den Weg zu einer entspannten Haltung selber finden kann.

Dennoch gibt es auch ein paar Gelegenheiten, in denen man das Ausbinden sinnvoll einsetzen kann. Hat ein Pferd beispielsweise Angst, vorwärts zu gehen, sobald es leichten Druck im Maul spürt, kann es sich mit locker geschnallten Ausbindern daran gewöhnen, nachzugeben statt stehen zu bleiben. Bei Pferden, die sich gegen den Ausbinder wehren und mit dem Kopf schlagen, kann es sinnvoll sein, einen so genannten Dreieckszügel zu verwenden. Er wird locker und nicht auf Zug verschnallt und soll dem Pferd den Weg in

die Tiefe zeigen. Da er durch den Trensenring gleitet, kann er nicht im Maul rucken und wird auch von schwierigen Pferden angenommen. Es gibt zwei Möglichkeiten der Verschnallung. Entweder verläuft er vom Widerrist durch die Trensenringe an beide Seiten des Gurtes oder von den Seiten durch die Trensenringe und dann zwischen den Vorderbeinen an den Bauchgurt. Auf keinen Fall darf man den Ausbinder so kurz schnallen, dass das Pferd eingezwängt wird.

Wenn man mit mehreren Pferden gleichzeitig an der Longe oder später auch frei übt, halten die Ausbinder sie von Rangeleien und Rangstreitigkeiten

▶ Ausbinder sind eine Ausnahme. Sie müssen so locker sein, dass sie bei korrekter Haltung durchhängen. Haken an beiden Seiten sind praktisch.

ab. Ich benutze dann feststehende seitliche Ausbinder. Sie werden so verschnallt, dass der meist vorhandene Gummiring näher am Gurt sitzt. Durch sein Gewicht versetzt er den locker geschnallten Ausbinder sonst in unangenehme Schwingungen. Am besten sie haben an beiden Seiten einen Haken, damit sie leicht ein und ausgehakt werden können. Die Länge der Ausbinder ist so zu wählen, dass sie bei korrekter Haltung, also mit dem Kopf noch leicht vor der Senkrechten, durchhängen.

▶ Amber mag zur Abwechslung die Doppellonge und arbeitet fleißig mit.

Die Longierten

Wie bereits in meinem ersten Buch möchte ich gerne die Pferde, die auf den Fotos zu sehen sind, kurz vorstellen. Oft interessiert es, wie alt ein Pferd ist, was für eine Rasse es hat, ob es schon lange ausgebildet wird und ob es irgendwelche Besonderheiten aufweist.

AMBER ▶ 12-jährige Morganhorse-Stute

Amber ist inzwischen seit zehn Jahren bei mir. Ihre Ausbildung schreitet immer weiter fort, zu Ende ist sie ja bekanntlich nie. Das Training an der Doppellonge bietet die Möglichkeit, sie auch ohne Reiter in einer schönen Haltung gehen zu lassen und vermehrt auf den Schwung zu achten. Ich kann sie zwar nicht fragen, habe aber den Eindruck, einfaches Longieren oder Arbeit im Roundpen machen ihr weniger Spaß. Dagegen arbeitet sie in der hohen Schule am langen Zügel sehr gut mit. Amber hat einen sehr starken Vorwärtsdrang, den man sich, in die richtigen Bahnen gelenkt, gut zunutze machen kann.

CAMPINO ▶ 6-jähriger Shetty-Wallach

Campino ist seit vier Jahren ein Mitglied unserer Pferdegruppe. Inzwischen hat er schon viele Kunststückchen gelernt, die er gerne auch ungefragt darbietet. Er ist immer sehr eifrig bei der Sache, sodass es hin und wieder eher

▶ Campino ist ein pfiffiges Kerlchen und meistert geschickt die Cavalettis.

nötig ist, ihn zu bremsen. Im Round-pen arbeitet er gerne frei mit und eignet sich auch als zweites Pferd hinter einem anderen an der Longe. Da wir ihn oft ansprechen, hört er gut auf seinen Ruf-namen „Pino".

Außerdem steht er am Anfang der Ausbildung vor der Kutsche.

► *Djaszlo zeigt an der Longe einen schwungvol-len Trab in guter Haltung.*

DJASZLO ► 7-jähriger Shagya-Mix-Wallach

Von Djaszlo habe ich schon in mei-nem Buch „Erste Schritte unter dem Sat-tel" berichtet. Er ist in seinen Leistungen noch etwas unbeständig. An der Longe arbeitet er gut mit und läuft in einem entspannten und schwungvollen Trab. Da er sehr fein reagiert, hilft er oft aus, um weniger Geübten das Erlernen der Handgriffe und der richtigen Positionen beim Longieren zu ermöglichen. Djaszlo zeigt genau an, wenn etwas falsch oder undeutlich gemacht wird. Gar nicht gerne mag er Cavalettis, die bei ihm

immer wieder hektisches und zu schnel-les Traben hervorrufen, bis er sie dann endlich im richtigen Tempo mit passen-der Schrittlänge meistert.

MEZZO ► 5-jähriger Vollblutaraber-Warmblut-Wallach

Mezzo kenne ich jetzt seit zwei Jah-ren. Anfangs war er bei mir nur zur Aus-bildung, inzwischen ist er in meinen Besitz übergewechselt. Da er noch jung ist, stellt das Longieren eine wichtige Ergänzung zu seiner Ausbildung unter dem Sattel dar. An der Longe ist er, bis auf ein paar übermütige Temperaments-ausbrüche, eher faul und man muss da-rauf achten, dass er nicht trödelnd dahin-schlurft. Ist er erst einmal in Schwung, hat er schöne ausbalancierte Gänge. Er ist eines von den Pferden, denen der Galopp von Anfang an auch auf geboge-nen Linien nicht schwer fällt. Man kann mit ihm gut frei im Roundpen trainieren. Er ist sehr menschenbezogen und hört aufmerksam auf Stimmkommandos.

► *Mezzo mag die Freiheitsdressur und hört gut auf Stimmkommandos.*

NAPPO ▶ 4-jähriger „Miniknabstrupper"-Wallach

Auf einem Pferdemarkt fiel er mir vor zwei Jahren ins Auge und plötzlich hatte unsere Herde Zuwachs bekommen. Natürlich möchte ich hier keinem dazu raten, Pferde auf einem Markt zu kaufen.

Nappo ist ein sehr vorsichtiges Pferd. Seine anfängliche Scheu und das Weglaufen auf der Weide hatte er aber schon nach wenigen Wochen abgelegt. Er steht noch am Anfang seiner Ausbildung. Probleme gibt es bei ihm nie durch Unwillen, sondern eher durch Missverständnisse. Im Sommer wurde er vorsichtig angeritten, das Reiten auf ihm bleibt aber eher eine Ausnahme.

▶ *Nappo in groß wäre sicher ein nettes Reitpferd geworden.*

SMARTIE ▶ 9-jähriger Appaloosa-Araber-Wallach

Smarties Ausbildung begleite ich inzwischen seit sechs Jahren. Er ist einer der Darsteller der Zirkuslektionen in meinem Video. An der Longe und im Roundpen beherrscht er schon einige Raffinessen, wie zum Beispiel freie Galoppvolten, Angaloppieren aus dem Stand, freier Appell im Trab und das Kompliment auf Zuruf. Er hatte schon in jungen Jahren ein Talent für den Galopp, der ihm nie Balanceprobleme bereitet hat. Da seine Besitzerin Susanne nicht immer Lust zum Reiten hat, sind die beiden auch an der Longe ein gutes Team.

▶ *Smartie ist ein sehr vielseitiges Pferd. Neue Aufgaben begreift er schnell.*

Wenn man jetzt eines der Pferde auf den weiteren Fotos in diesem Buch sieht, weiß man mehr über seinen Hintergrund und Ausbildungsstand. Natürlich gleicht kein Pferd dem anderen und jedes Pferd ist eine Persönlichkeit, aber einzelne Merkmale und Eigenschaften wiederholen sich doch.

Diese Vorstellung der beteiligten Pferde bietet dem Leser die Möglichkeit, Gemeinsamkeiten mit dem eigenen Pferd zu entdecken und sich besser in die gezeigten Situationen hineinzudenken.

1 x 1 des Longierens

1 X 1 des Longierens

Die nachfolgenden Kapitel zählen zum Grundprogramm an der Longe, man könnte sagen zum „Kleinen 1x1" des Longierens. Beherrscht man alle Handgriffe, die für die Lektionen der nächsten Kapitel nötig sind, kann einem an der Longe auch mit verschiedenen Pferden nicht mehr viel passieren.

An dieser Stelle möchte ich Horst Becker grüßen, aus dessen Arbeit ich einige Erkenntnisse gewonnen habe, die mich bei den folgenden Lektionen inspiriert haben.

▶ Longieren in allen Gangarten

Im Folgenden wird das Longieren allgemein beschrieben. Es dient als Grundlage für die weiteren Kapitel. Auf die Besonderheiten der verschiedenen Gangarten wird dann in den jeweiligen Kapiteln eingegangen.

SINN UND ZWECK ▶ Wer beginnt dieses Buch zu lesen, hat sich wahrscheinlich selber schon Gedanken gemacht, was er mit dem Longieren erreichen möchte, aber vielleicht lässt sich dem noch etwas hinzufügen.

Das Longieren ist in vielen Situationen hilfreich. Besonders bevor ein Pferd geritten werden kann, ist es bei der Ausbildung sehr nützlich. So lernt ein junges Pferd an der Longe die Kommandos für die verschiedenen Gangarten und in den Gangarten ein gleichmäßiges Tempo zu halten. Es lernt, wenn man die ganze Bahn nutzt, auf einer Geraden zu laufen, ohne die direkte Begleitung durch einen Menschen neben sich. Die Biegung und die Balance des Pferdes werden durch das Üben von Volten an der Longe trainiert.

Mit Cavalettis lässt sich das Pferd zusätzlich gymnastizieren und die Koordination seiner Beine trainieren. Mit einem besseren Körpergefühl steigt auch das Selbstbewusstsein des Pferdes, es ist weniger ängstlich und wird leichter mit ungewohnten Situationen fertig.

Je geschmeidiger, gleichmäßiger und ruhiger das Pferd an der Longe geht, desto mehr wird sich auch seine Rittigkeit verbessern. Ist es noch nicht geritten, kann es an der Longe an den Sattel und das Tragen eines Gebisses gewöhnt werden. In der Zeit des Anreitens kann man dem Pferd zusätzlich zu der noch kurzen täglichen Reitzeit Bewegung verschaffen.

Kennt man das Pferd noch nicht so lange, kann man sich an der Longe mit ihm vertraut machen. Gerade bei schwierigen Pferden ist es sinnvoll, sich vor dem Reiten eine Basis durch Bodenarbeit und Longieren zu schaffen.

VORAUSSETZUNGEN ▶ Die Grundlage zum Longieren an der langen Longe bildet das Führtraining am Strick. Das Pferd sollte gelernt haben, am lockeren Führstrick nebenher zu gehen, auf Kommando anzuhalten und am Strick um einen herum zu gehen, ohne zu drängeln. Dabei muss es die Gerte respektieren, ohne vor ihr Angst zu haben.

Um das Pferd an die Longenhaltung und die entsprechende Führposition zu gewöhnen, hält man auf der linken Hand den Strick in der linken Hand und die Gerte in der rechten Hand. So

▶ *Durch diese Art des Führens wird Djaszlo auf das Longieren vorbereitet. Wenn ich jetzt stehen bleibe, läuft er im Kreis um mich herum.*

kann man das Pferd Volten um sich herum gehen lassen, auf der anderen Hand entsprechend andersherum. Später können Strick und Gerte problemlos durch Longe und Peitsche ersetzt und die Distanz vergrößert werden. Auf diese Weise benötigt man zum Anlongieren keine zweite Hilfsperson.

SO GEHT'S ▶ Meist ist es günstiger mit dem Longieren auf der linken Hand zu beginnen, da das Pferd die Arbeit von links mehr gewöhnt ist. Man hält die Longe ordentlich aufgewickelt in der linken Hand, sodass Schlinge für Schlinge abgewickelt werden kann, ohne sich zu verknoten. Die Peitsche befindet sich in der rechten Hand. Man steht mit dem Pferd in der Mitte des Zirkels. Soll es sich jetzt auf direktem Weg zur Zirkellinie nach außen bewegen, schickt man das Pferd von sich weg, indem man es mit der Peitsche am Hals treibt, bis es sich abwendet.

Gleichzeitig verlängert man die Longe gleichmäßig, ohne dass das Pferd einen Ruck verspürt.

Ganz wichtig ist, dabei nicht rückwärts vor dem Pferd auszuweichen. Das Pferd muss sich von dem Menschen weg bewegen und nicht der Mensch weg vom Pferd. So kann man gleich zu Anfang dafür sorgen, dass die Rangordnung geklärt ist.

Selbstverständlich darf das Pferd zu einem kommen, wenn man es dazu auffordert, worauf in dem Kapitel „Appell" noch eingegangen wird.

HAND UND FUß ▶ Auf der linken Hand ergibt sich die Handhaltung meist von selbst: Longe links, Peitsche rechts. Ich empfehle diese Haltung auch auf der rechten Hand. Peitsche und Longe werden dann zwar überkreuz geführt, aber man gewöhnt sich gerne daran, die Peitsche stets in der geschickteren rechten Hand zu führen. So wird es auch in der Freiheits-

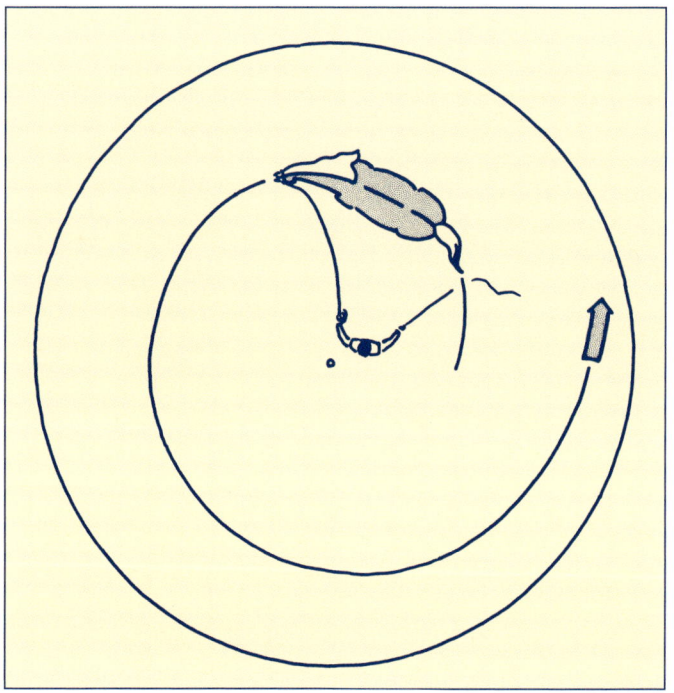

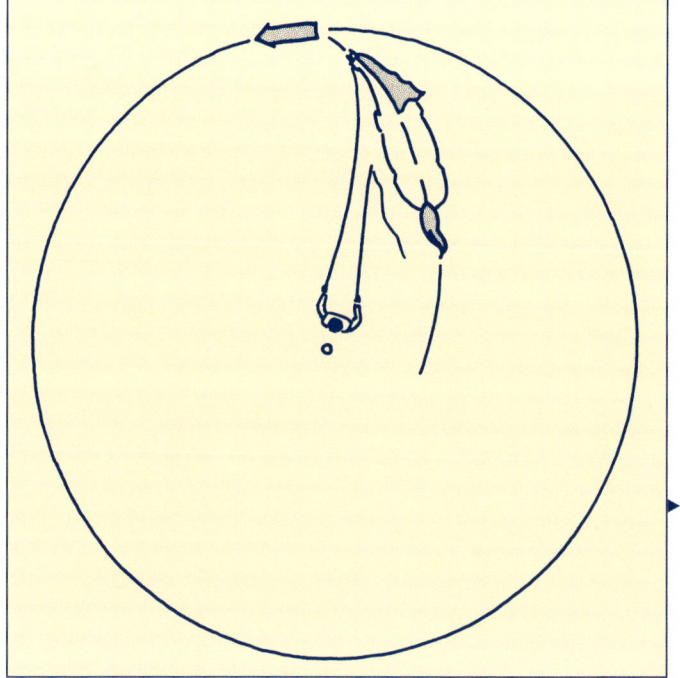

Oben: falsch, unten: richtig. Will man das Pferd auf den Zirkel schicken, soll es nicht allmählich nach außen gehen, sondern auf direktem Weg von der Mitte auf die Zirkellinie.

Die Peitschenhilfe erfolgt am Hals, wenn Smartie nach außen gehen soll.

Smartie versteht den Wink und entfernt sich von mir.

Wenn ich die Longe nicht mehr nachgebe, geht Smartie auf den Zirkel.

dressur gehandhabt, bei der dann auf die Longe ganz verzichtet werden kann.

Die Armhaltung sollte der beim Reiten ähneln, leicht angewinkelt und entspannt, Hände aufrecht und in gerader Verlängerung des Unterarms. Allerdings kommt die Longe oben aus der Faust, da sonst das Ab- und Aufwickeln nicht funktioniert. Grundsätzlich wird die Longe in einer Hand gehalten, es gibt aber verschiedene Situationen, in denen die zweite Hand mit eingesetzt wird.

Für die Wirkung der Körpersprache auf das Pferd ist die Art des Mitgehens sehr wichtig. Man geht so, dass man den Mittelpunkt des Zirkels hinter sich hat. Die Longe verläuft dann in einem rechten Winkel zum Pferd. Das ist die neutrale Position.

Zieht das Pferd stark nach außen, hält man die Longe in einem spitzeren

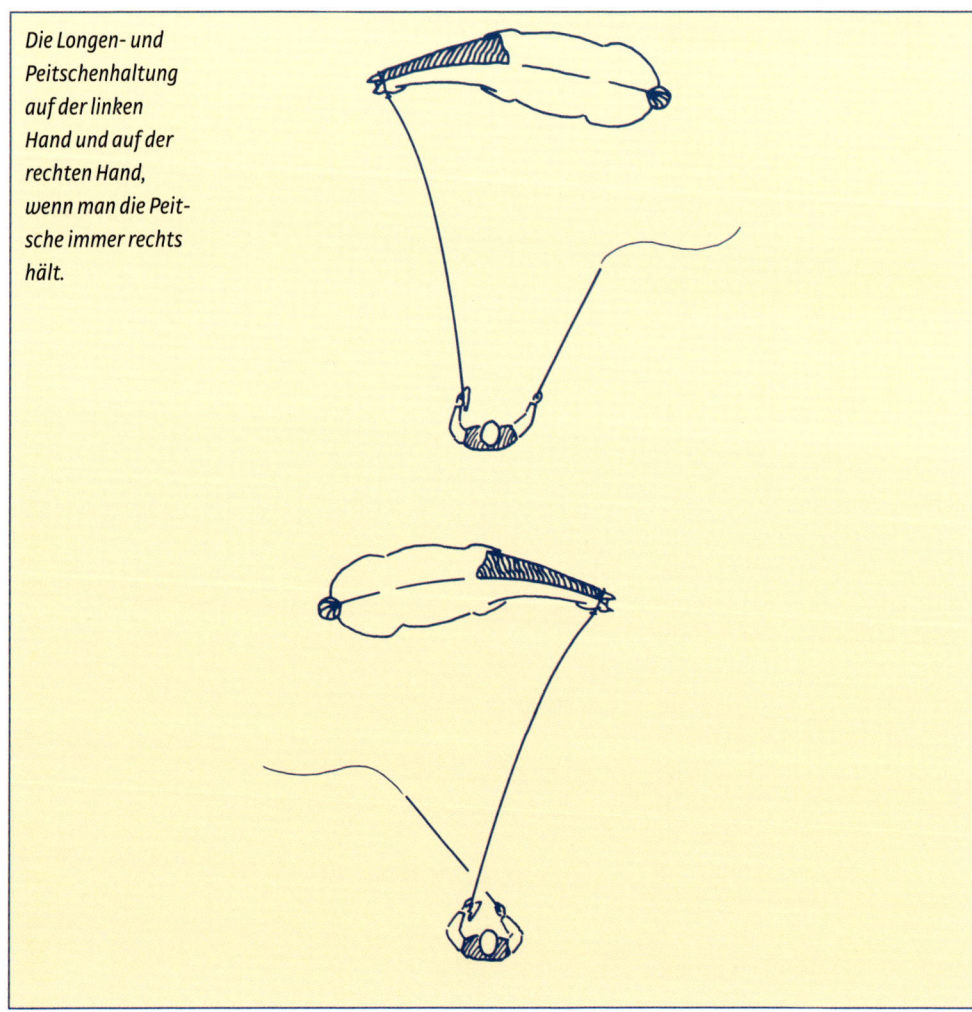

Die Longen- und Peitschenhaltung auf der linken Hand und auf der rechten Hand, wenn man die Peitsche immer rechts hält.

▶ *Es ist darauf zu achten, dass der Zirkel richtig rund wird und das Pferd ein gleichmäßiges Tempo geht. Dazu kann das Mitgehen nötig sein.*

Winkel und läuft schräg hinter dem gedachten Mittelpunkt.

Drängt das Pferd nach innen, hält man die Longe in einem weiteren Winkel und läuft schräg vor dem Mittelpunkt, um auf das Pferd Abstand fordernd zu wirken.

Man muss sich vorstellen, das Pferd wäre auf einem einzigen Ständer befestigt. Gebe ich dem Pferd jetzt vorne einen Schubs, würde es sich nach außen drehen und sich von mir weg bewegen. Gebe ich dem Pferd hinten einen Schubs, würde es sich nach innen drehen und den Zirkel verkleinern. Das erklärt, warum ein Pferd nach innen läuft, wenn man sich zu weit hinten befindet, obwohl

man es doch treibt. Wirke ich im mittleren Bereich treibend auf das Pferd, verändert es die Kreisbahn nicht.

Beachtet man diese Feinheiten, sollte es gelingen, den Zirkel wirklich rund zu gestalten und nur dann ist es möglich, das Pferd in einem gleichmäßigen Takt und damit wirkungsvoll in einer Gangart zu longieren.

DIE FEINHEITEN ▶ Ob man sich auf der Stelle mitdreht oder in einem kleinen Kreis mit dem Pferd mitgeht, hängt ganz von der Situation ab. Läuft das Pferd problemlos seine Kreise in dem gewünschten Tempo, besteht kein Grund, selber auch zu laufen. Dann

▶ Das Schütteln der Longe soll Djaszlo weiter nach außen schicken.

▶ Die Schlängelbewegung hat gewirkt, die Longe hängt nicht mehr durch.

dreht man sich auf der Stelle in einer Vorwärtsbewegung mit. Drängelt das Pferd nach innen, ist es sinnvoll, näher am Pferd mitzugehen. Die Peitsche zeigt dann in Richtung Schulter, um das Pferd auf Abstand zu halten. Reicht das nicht

aus, lässt man den Schlag in Richtung des Rumpfes ausschwingen.

Außerdem kann man mit der Longe eine schlangenartige Bewegung erzeugen, indem man sie aus dem Handgelenk in der Waagerechten schüt-

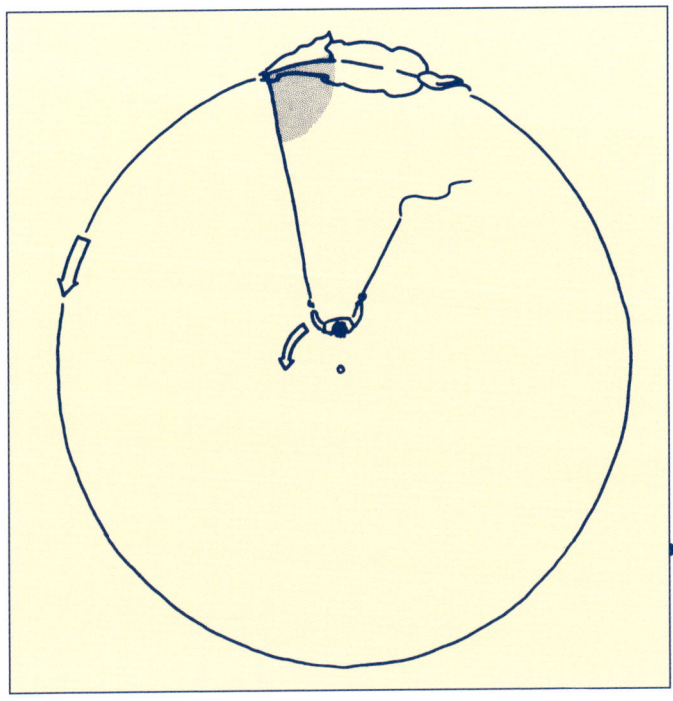

▶ In der neutralen Position beträgt der Winkel zwischen Longe und Pferd ca. 90°. Der gedachte Mittelpunkt liegt hinter dem Longeur.

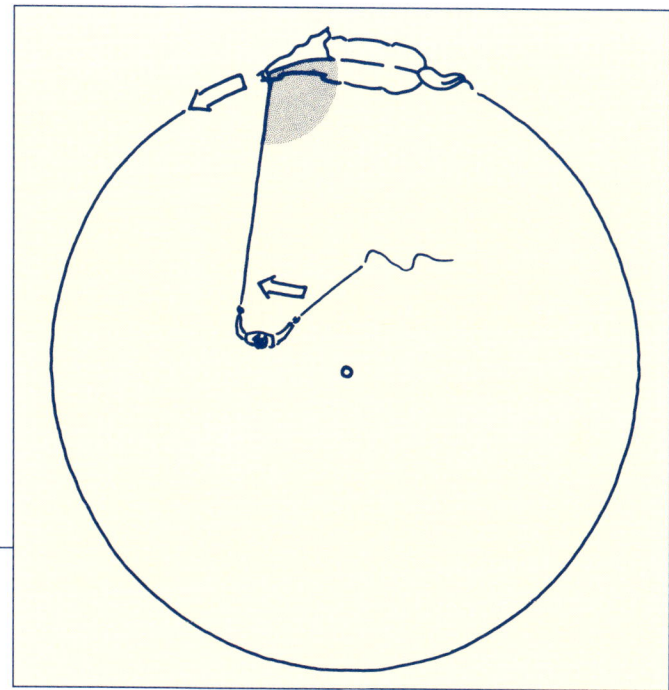

Bei einem stumpfen Winkel lässt sich das Pferd außen halten. Geht der Longeur nach vorne, wirkt er bremsend ein.

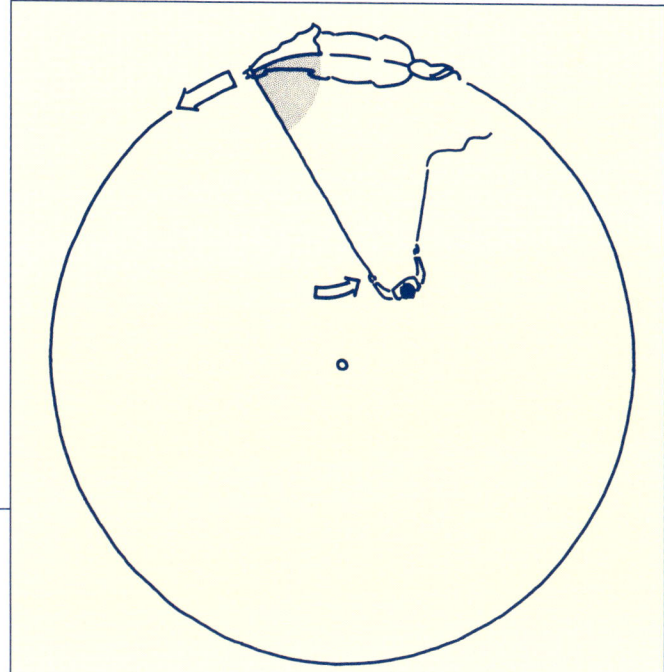

Der spitze Winkel lädt das Pferd nach innen ein, wenn es auf einem engeren Kreis gehen soll. Dabei bewegt sich der Longeur hinter das Pferd.

telt. Das wirkt auf Pferde bedrohlich, sie weichen nach außen aus, die Longe strafft sich wieder. Diesen Zusammenhang erkennt ein Pferd und lässt sich so außen halten. Die Longe sollte nicht hoch und runter geschüttelt werden. Das wirkt zu stark bremsend und ist unverständlich für das Pferd.

Will das Pferd nicht richtig vorwärts gehen, geht man auch in einer kürzeren Distanz mit, und zwar so, dass man ohne viel Aufhebens das Pferd mit dem Peitschenschlag erreichen kann. Es soll lediglich das Gefühl haben, man könnte es jederzeit erreichen, ohne sich besonders anstrengen zu müssen. Reagiert es dann auf das akustische Treiben nicht, verleiht man der Hilfe mit einem leichten Touchieren Nachdruck.

FEHLERQUELLEN ▶ Die Hauptfehlerquelle beim Longieren ist das rückwärts Ausweichen des Longeurs, wenn das Pferd nach innen drängt. Bei dem Pferd entsteht so der Eindruck, es könnte den Menschen verdrängen, wenn es in seine Richtung läuft. Damit ist die Rangordnung infrage gestellt und ein harmonisches Longieren wird unmöglich. Auch wenn die Longe zu schleifen beginnt, darf man auf keinen Fall nach hinten vor dem Pferd ausweichen. Man muss dann die Longe nachfassen und auf das Pferd zu gehen. Man kann dem mit der in Richtung Pferdeschulter gehaltenen Peitsche und dem Longenschlängeln Nachdruck verleihen.

Ein weiterer Fehler, durch den man das Pferd zum Verkleinern des Zirkels einlädt, ist das Mitgehen hinter einem gedachten Mittelpunkt. Mehr dazu bei dem Thema „Volten".

▶ Wird ein Pferd zunehmend fauler und unaufmerksamer an der Longe, kann das an Kommandos liegen, auf deren Durchführung nicht konsequent geachtet wird. Soll das Pferd beispielsweise antraben, muss dies auf das erste Stimmkommando eventuell im Zusammenhang mit einem Peitschenzeichen hin geschehen. Ist das nicht der Fall, sollte sofort eine Touchierhilfe hinzukommen, sodass die Stimme das nächste Mal aufmerksam beachtet wird. Dabei versucht man sich möglichst unauffällig zu bewegen und nicht wild auf das Pferd zu zu springen. Die Touchierhilfe sollte das Pferd unerwartet treffen, damit es nicht beim nächsten Mal abwartet, bis der Mensch sich in Bewegung setzt.

▶ Schritt

An dieser Stelle wird nur auf das eingegangen, was speziell im Schritt zu beachten ist.

Der Schritt an der Longe ist wesentlich schwieriger als der Trab. Ist das Pferd nervös, fällt es schnell in den Trab und lässt sich schwer durchparieren, solange ihm noch die nötige Disziplin fehlt.

Im Schritt fällt es meist schwerer, den Zirkel rund zu gestalten. Im Trab wird das Pferd durch den Schwung leichter auf der Linie gehalten und lässt sich weniger ablenken.

SINN UND ZWECK ▶ Im Schritt an der Longe kann man das Pferd an die ruhige und konzentrierte Mitarbeit gewöhnen.

Neue Ausrüstungsgegenstände wie Gurt, Satteldecke und Sattel sollte das Pferd im Schritt kennen lernen. Auch

▶ *Djaszlo lernt im Schritt den Sattel kennen. Das Pferd kann sich in Ruhe an neue Situationen gewöhnen.*

das sich Nähern an beängstigende Gegenstände und das Passieren von Engpässen erfolgt im Schritt. Das Übertreten über Stangen oder Cavalettis beginnt ebenfalls im Schritt, auch wenn es seine volle Wirkung erst im Trab entfaltet.

Den ausgreifenden Schritt auf einer Geraden kann man üben, indem man das Pferd die lange Seite gerade entlang longiert. Mehr dazu im Kapitel über „Geraden an der Longe".

VORAUSSETZUNGEN ▶ Die nötigen Voraussetzungen findet man bei dem allgemeinen Abschnitt „Longieren in allen Gangarten".

SO GEHT'S ▶ Man beginnt im täglichen Training stets mit dem Schritt an der Longe, ohne dass sich das Pferd zuvor unkontrolliert austobt. Es kann immer der Fall eintreten, dass das Pferd unbedingt im Schritt bleiben muss, weil es beispielsweise krank ist oder ein weiteres Pferd in der Bahn gestört werden könnte. Ist es gewöhnt, erst einmal losrennen zu dürfen, wird es dann schwer sein, das zu verhindern. Eine Ausnahme mache ich nur, solange ich das Pferd noch nicht sicher anlongiert habe und es im Schritt noch zu viele Dummheiten machen würde. Sobald es aber die Grundregeln an der Longe kennt, beginne ich die ersten Runden immer im Schritt, sowohl aus gesundheitlichen wie auch aus erzieherischen Gründen. Nach einigen Zirkeln, Volten und auch einmal einem geraden Stück ist das Pferd aufgewärmt für den Trab.

Als Stimmkommando benutze ich das allgemein übliche „Scheritt". In der Betonung macht man einen Unterschied, je nachdem welche Reaktion erzielt werden soll. Wenn das Pferd aus dem Stand antreten soll, spricht man ein munteres „Scheritt" mit Betonung auf der zweiten Silbe. Will man hingegen aus dem Trab durchparieren, wird die erste Silbe lang gezogen und leicht betont. Das Wort wirkt dann beruhigend und lässt das Pferd langsamer werden.

HAND UND FUß ▸   Es gelten die gleichen Hilfen wie beim „Longieren in allen Gangarten" beschrieben.

DIE FEINHEITEN ▸   Meist muss man im Schritt die Longe zunächst etwas kürzer fassen und auf einem kleinen Kreis mit dem Pferd mitgehen. So kann man schneller einwirken, wenn das Pferd versucht anzutraben. Viele Pferde versuchen bei den ersten Runden stärker nach innen zu drängeln, hält man sie dann mit der Peitsche auf Abstand, wollen sie eventuell antraben, was sich aus kurzer Entfernung leichter verhindern lässt. Hat man einige Runden zufrieden stellend hinter sich gebracht, lässt man das

▸ *Im Schritt kann es nötig sein, etwas näher am Pferd zu bleiben.*
Mit der Peitsche kann man Abstand schaffen oder auch bremsen.

Pferd antraben. Bei der nächsten Schritteinheit kann man dann meist schon mit einem größerem Abstand longieren, ohne dass das Pferd drängelt.

FEHLERQUELLEN ▸ Ein Problem ist es, im Schritt das richtige Tempo einzustellen. Treibt man zu wenig, wird der Schritt ungleichmäßig und zu kurz. Treibt man zu viel, fällt das Pferd in den Trab, statt seine Schritte zu verlängern. Der Schritt soll fleißig und raumgreifend wirken. Um das Pferd gut dosiert treiben zu können, geht man mit verkürzter Longe den Zirkel etwas mit.
▸ Das Pferd ist an der Longe noch wenig ausgebildet und rennt anfangs im

▸ *In dieser Situation wäre es sinnlos, Schritt zu verlangen.*

Trab unkontrollierbar los. Versucht man es zu bremsen, wird es eher noch hektischer.

Longiere ich ein ungestümes Pferd die allerersten Male, verlange ich die ersten Runden keinen Schritt, da das wenig Aussicht auf Erfolg hätte. Erst wenn ich es im Trab gut im Griff habe, versuche ich zum Schritt durchzuparieren. Habe ich das Kommando zum Schritt gegeben, muss ich es auch durchsetzen. Nach einigen Malen Longieren verlange ich dann direkt zu Beginn, dass das Pferd Schritt geht, auch wenn es übermütig ist. Es könnte sich irgendwann eine Situation ergeben, in der es wichtig ist, das Tempo von Anfang an zu regulieren, beispielsweise wenn das Pferd krank ist oder andere Pferde nicht gestört werden dürfen.

Um das Pferd zu bremsen, zieht man es nicht nach innen, sondern fasst die Longe nach und geht dichter am Pferd, um ihm jederzeit mit der Peitsche den Weg versperren zu können. Reagiert es darauf nicht, muss man einen Übungsschritt zurück gehen und noch einmal mit Strick und Gerte das Führen und Halten üben.

▸ Trab

Der Trab ist die Gangart, in der man an der Longe am meisten bewirken und in der man am leichtesten arbeiten kann. Wie bereits im Kapitel über den Schritt werden nachfolgend nur die Besonderheiten des Trabs beschrieben.

SINN UND ZWECK ▸ Das Pferd entspannt sich am besten in einem gleichmäßigen, taktreinen und schwingenden Trab. Gelingt es, sein Pferd so zu longie-

Wie man sieht sind Ausbinder nicht nötig, damit das Pferd den Kopf senkt.
Djaszlo trabt locker und schwungvoll.

ren, das das alles eintritt, wird sich beim Pferd eine gute Kopfhaltung mit geschwungener Halsoberlinie und entspanntem Unterhals ganz ohne Hilfszügel einstellen.

Ein guter Trab an der Longe ist für das junge Pferd die beste Vorbereitung für ein gleichmäßiges Tempo auch unter dem Sattel.

VORAUSSETZUNGEN ▸ Es gelten die bereits im Kapitel „Longieren in allen Gangarten" genannten Voraussetzungen.

SO GEHT'S ▸ Beginnt man mit dem Pferd den Trab an der Longe zu trainieren, ist das richtige Timing für das Ende der Trabphasen besonders wichtig. Man sollte immer erst in einem guten Moment aus dem Trab wieder in den Schritt durchparieren. Ist das Pferd an der Longe noch ungeübt oder sogar ungestüm und widerspenstig, wird es eine Weile dauern, bis sich dieser „gute Moment" ergibt. Es ist dann so weit, wenn das Pferd den Kopf senkt, den Hals locker lässt und kaut oder leckt. Dieses Verhalten kann man auch beim „Join Up" beobachten.

Das Pferd ist nun zur Zusammenarbeit bereit, entspannt sich und achtet auf die Zeichen des Longeurs. Von Mal zu Mal wird sich dieser Zustand schneller einstellen und während man die

Smartie trägt den Kopf tief, aber dem Trab fehlt etwas Schwung.

Smartie will am Boden schnüffeln und wird noch langsamer.

Es gilt nicht: Je tiefer, desto besser. Durch vermehrtes Treiben sollte er den Kopf wieder höher tragen.

ersten Male dann aufhört zu traben, das Pferd lobt und es sich im Schritt ausruhen lässt, kann man bald dazu übergehen, diesen Zustand zu nutzen und in ihm zu arbeiten. Erst wenn das Pferd so locker läuft, kann es einen schwungvollen, aber nicht hastigen Trab zeigen.

Als Kommando eignet sich gut „Terab", wobei es einen Unterschied macht, ob man antraben oder aus dem Galopp durchparieren möchte. Spricht man das Wort kurz und geht mit der Stimme nach oben, wirkt es aufmunternd. Will man durchparieren, zieht man das Wort lang und senkt die Stimme dabei.

HAND UND FUß ▶ Die Art, wie man sich mit dem Pferd an der Longe bewegt, entscheidet darüber, wie schön der Trab des Pferdes ausfällt. Sehr wichtig ist, dass der Zirkel wirklich rund wird, es also keine Seite mehr gibt, auf der das Pferd nach innen drängelt oder auf der es nach außen ausbricht. Wie man das erreicht, wurde bereits in dem für alle Gangarten gültigen Teil beschrieben. Weiterhin ist es wichtig, ein gleichmäßiges Tempo einzustellen. Beginnt das Pferd zu rennen, darf man nicht an der Longe ziehen und so das Pferd auf einem kleiner werdenden Zirkel immer unsicherer machen. Man versucht, es einen großen Zirkel laufen zu lassen, mit Begrenzung durch die Bande oder einen Zaun, wirkt beruhigend und bremst mit der Peitsche, indem man sie vor dem Pferd anhebt. Wie das genau funktioniert, wird noch in dem Kapitel über das Anhalten beschrieben.

Das Pferd kann aber auch zu langsam laufen. Dann muss man darauf achten, nicht ständig hinter dem Pferd her-laufen zu müssen und es mit viel Aufwand in Bewegung zu halten, sondern mit gezieltem, kurzem, aber konsequentem Touchieren eine optimale Wirkung zu erzielen. Günstig ist es, wenn man das Pferd gezielt am Hinterschenkel kurz berühren kann. Man sollte eine Art Fuchteln mit der Peitsche vermeiden, also keine kurzen, schnellen Bewegungen machen, bei denen die Peitsche durch die Luft zischt. Besser lässt man den Peitschenschlag in weiten Bewegungen in seiner ganzen Länge ausschwingen, um das Pferd zu treiben oder zu berühren.

DIE FEINHEITEN ▶ Läuft das Pferd ein gleichmäßiges Grundtempo im Trab an der Longe, kann man beginnen, Tempounterschiede zu erarbeiten. Das Pferd sollte jederzeit bereit sein, sein Tempo durch leichtes Treiben mit der Stimme oder einem Peitschenzeichen zu erhöhen, so als hätte es, bildlich gesprochen, einen Regler, an dem man die Geschwindigkeit stufenlos einstellen kann. Dabei sollten die Schritte hauptsächlich verlängert und der Takt nur wenig beschleunigt werden. Es ist darauf zu achten, dass das Pferd sein Tempo hält, bis es die Aufforderung zum ruhigeren Trab erhält. Es darf also nicht allein entscheiden, wann es wieder langsamer geht. Für jedes Pferd gibt es ein optimales Grundtempo, in dem der Trab schwungvoll wirkt, ohne eilig oder schlurfend zu sein. Im Laufe der Zeit bekommt man ein Auge dafür, in welchem Tempo sein Pferd seinen schönsten Trab gehen kann.

FEHLERQUELLEN ▶ Das Pferd rennt auf der einen Zirkelseite immer wieder los. Meist hat man es zuvor nach innen drängeln lassen und ist vor ihm ausgewichen, statt auf das Pferd zuzugehen und die Longe aufzunehmen, damit sie nicht auf dem Boden schleift. Das Pferd bekommt den Eindruck, man würde ihm ausweichen. Der Zirkel wird zum Ei und ein gleichmäßiges Tempo ist unmöglich.

▶ Das Pferd läuft unter seinem optimalen Tempo. Es wirkt schwunglos. Die Bewegung der Vorderbeine ist stumpf, sie wird nicht bis zu Ende ausgeführt. Die Hinterbeine laufen schlurfend hinterher. Das hat nichts mit einem versammelten Trab zu tun. In diesem Trab kann sich das Pferd aber auch nicht entspannen, da es den Hals nicht wölben wird. Man muss ein wenig mehr treiben, bis das Pferd von sich aus das Tempo hält und den Kopf senkt.

▶ Das Pferd rennt zu schnell. Häufig wird das Pferd dann auf einen kleineren Zirkel gezogen, um es zu bremsen. Genau das Gegenteil tritt aber ein, das Pferd kommt aus dem Gleichgewicht, wehrt sich und wird noch schneller. Man lässt es also besser auf einem großen Zirkel weiterlaufen und beruhigt mit der Stimme. Hilft das nicht, verkürzt man die Longe und geht dabei näher am Pferd einen Kreis mit, sodass der Zirkel nicht kleiner wird. Der Winkel zwischen Pferd und Longe sollte dann größer als ein rechter Winkel sein. Das wirkt bremsend.

▶ Die Trabphasen werden zu früh beendet, noch bevor das Pferd einmal den Kopf gesenkt hat. So lernt das Pferd nicht die angenehme Haltung, in der es sich entspannen kann. Beim nächsten Mal wird es dann nicht besser gehen. Es kann durchaus nötig sein, einige Male lange Zeit (20 Minuten und mehr) ununterbrochen im Trab zu longieren, bis sich der gewünschte Effekt einstellt.

▶ Galopp

Der Galopp an der Longe ist besonders bei jungen Pferden nicht einfach. Er erfordert eine gute Vorbereitung, damit er nicht in wildes Gerase ausartet, bei dem sich das Pferd Unarten angewöhnen kann. Ein guter Galopp an der Longe bildet die Voraussetzung für den Galopp unter dem Sattel.

SINN UND ZWECK ▶ An der Longe kann man den Galopp üben, ohne dass das noch nicht gut ausbalancierte Pferd zusätzlich durch einen Reiter belastet wird. Oft haben die Pferde schon genug damit zu tun, ihren eigenen Körper im Gleichgewicht zu halten. Eine Störung des Gleichgewichts führt im Galopp meist zu einer Steigerung des Tempos. Weiterhin lernt man das Verhalten des Pferdes im Galopp kennen, ob es losrast oder beim Angaloppieren buckelt. Der erste Galopp mit Sattel irritiert viele junge Pferde. Vom Boden aus lassen sie sich meist besser beruhigen, als wenn auch noch ein schwankender Körper störend im Sattel sitzt.

Der Galopp auf der gebogenen Linie ist anstrengend. Die Kraft dafür muss dem Pferd behutsam antrainiert werden, damit es keine Angst vor dem Galopp bekommt und sich verspannt.

Der Galopp an der Longe sollte nicht dafür benutzt werden, sich das Pferd austoben zu lassen. Unter dem Sattel würde man an dieser Gewohnheit des Pferdes sicherlich keine Freude mehr haben.

VORAUSSETZUNGEN ▶ Die Voraussetzung für den Galopp ist ein sicherer, gleichmäßiger Trab an der Longe. Das Pferd sollte aufmerksam zuhören, auf die Körpersprache willig reagieren, die

▶ *Gut untergesetzter Galopp: Das innere Hinterbein springt weit unter, das äußere Vorderbein greift weit vor. So soll es in dieser Phase aussehen.*

Peitschenzeichen kennen und ruhig befolgen. Funktioniert das im Schritt und im Trab nicht, ist es für den Galopp auf alle Fälle noch zu früh.

Außerdem sind für den Galopp ideale Bodenverhältnisse besonders anfangs sehr wichtig. Legt sich das Pferd in die Kurve, weil es noch nicht gut im Gleichgewicht geht, kann es leicht ausrutschen und bekommt dann Angst vor dem Galoppieren.

Zumindest die ersten Male sollte man die Möglichkeit haben, das Pferd an einer sicheren Begrenzung angaloppieren zu lassen, damit es nicht zu sehr nach außen zieht und die Hinterhand nicht nach außen ausfällt.

SO GEHT'S ▶ Nachdem das Pferd seine Runden im Schritt und Trab gedreht hat und locker und aufmerksam bei der Sache ist, kann man es angaloppieren lassen. Man beginnt mit der Seite, auf der das Pferd zumindest in den anderen Gangarten besser geht. Zuerst gibt man das Stimmkommando „Galopp", das man noch mit einem Doppelschnalzer oder mit einem „Hopp" verstärken kann, wenn nicht gleich eine Reaktion erfolgt. Anfangs genügt eine Runde im Galopp. Die Dauer des Galopps steigert man halbrundenweise nur ganz allmählich, bis das Pferd immer sicherer und kräftiger wird. Kreuzgalopp kann ein Anzeichen für Unsicherheit und Schwäche der Hinterhand sein.

HAND UND FUß ▶ Vor dem Angaloppieren überprüft man unbedingt, ob die Longe keine kleinen Schlaufen um die Hand gebildet hat, die sich nicht glatt abwickeln würden. Gegebenenfalls ordnet man die Longe neu. Der Teil der Longe, der sich als nächster abwickelt, muss immer vorne in der Hand liegen.

Um ohne Hektik angaloppieren zu können, befindet man sich am besten so nah am Pferd, dass es der Peitschenschlag erreichen kann. So spart man sich wildes Hinterhergerenne und ersetzt dieses mit einer gezielten Touchierhilfe.

Das Pferd muss wissen, dass der Mensch es ohne viel Aufwand erreichen kann, dann springt es bald auch schon bei der Stimmhilfe an. Häufiges Rufen und Rennen stumpft nur ab.

Die ersten Male ist das Pferd oft unsicher im Galopp und fällt leicht wieder in den Trab zurück. Es hat sich besonders bei faulen Pferden bewährt, beim Mitgehen, das dann nötig ist, auch eine Art Galopptakt einzuhalten. Er animiert das Pferd zum Weitergaloppieren. Man sollte sich also nicht scheuen, neben seinem Pferd, allerdings mit ruhigen Bewegungen, im Kreis zu hopsen.

Rast das Pferd hingegen los, darf man es nicht an der Longe nach innen ziehen. Auf zu engem Kreis kommt es häufig zum Kreuzgalopp und alles wird nur noch chaotischer. Ruhe bewahren und mit Stimme und Gesten zurück in den Trab, sobald das Pferd wieder ansprechbar ist.

DIE FEINHEITEN ▶ Die Besonderheit beim Galopp ist, dass man zusätzlich

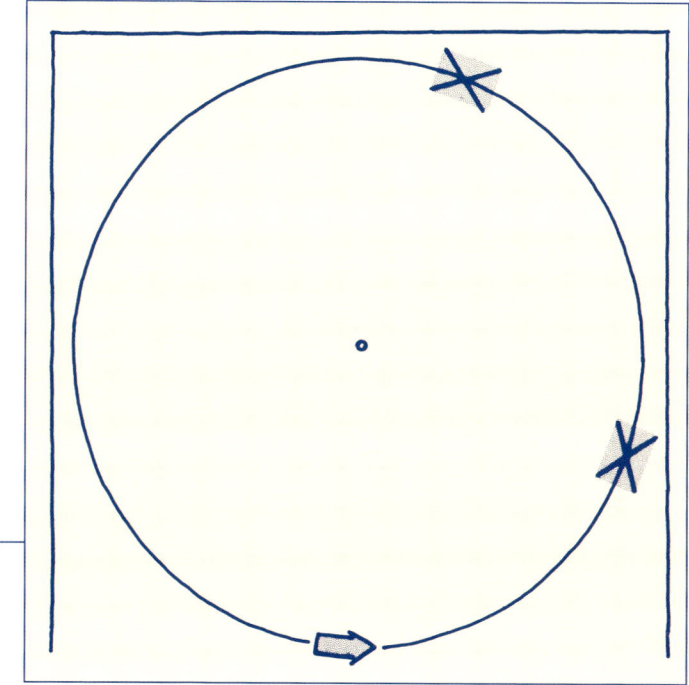

Die Kreuze markieren günstige Punkte auf dem Zirkel zum Angaloppieren. Dort kann man die Longe gut locker lassen.

▶ Ich bereite mich vor, um nahe genug am Pferd für die Touchierhilfe zu sein.
Diese deutliche Hilfe sollte nur in der Lernphase nötig sein.

▶ Mit dem ausgestreckten Arm lasse ich den Peitschenschlag bis an Smarties
inneres Hinterbein ausschwingen. Er galoppiert gleich an.

▶ *Smartie ist eben angaloppiert. Durch das erhöhte Tempo zieht er ein wenig nach außen.*

▶ *Eine Runde nach dem Angaloppieren. Smartie läuft rund und biegt sich. Er geht einen ruhigen und ausbalancierten Galopp.*

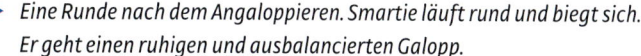

Wem fällt etwas auf? Richtig, es handelt sich um Kreuzgalopp.

Nappo geht vorne im Rechtsgalopp und hinten im Linksgalopp.

Zum Vergleich die gleiche Galopp-phase im richtigen Rechtsgalopp.

darauf achten muss, dass das Pferd auf dem richtigen Fuß angaloppiert. Viele Pferde haben eine Seite, auf der sie bevorzugt galoppieren. Von Anfang an sollte man sie korrigieren, wenn sie falsch angaloppieren.

Zum Angaloppieren kann man mit einem kleinen Zupfer an der Longe die Aufmerksamkeit des Pferdes steigern, lässt dann aber im Moment der Galopphilfe die Longe locker. Geht das Pferd auf Zug, neigt es zum Außengalopp, da die Hinterhand dann leicht ausfällt. Die Richtung der Hinterhand entscheidet über Links- oder Rechtsgalopp. Um die Longe locker lassen zu können, galoppiert man an der geschlossenen Seite des Zirkels an.

Ist ein Pferd bereits einige Male in den falschen Galopp gesprungen, achtet es meist nicht mehr richtig auf die Hilfen und springt voreilig immer wieder in den falschen Galopp. Dann hilft es, die Hilfe möglichst überraschend mit einem kleinen Sprung in Richtung Pferd zu geben. Man zielt dabei auf die Hinterhand des Pferdes. Günstig ist es, das innere Hinterbein mit der Peitsche zu treffen. Wird dieses daraufhin angehoben, gelangt das Pferd in den richtigen Galopp.

FEHLERQUELLEN ▶ Das Pferd rennt im Trab auf Zug an der Longe, bevor es anspringt. Es landet dann meist im Außengalopp, da es mit der Hinterhand zu weit außen läuft. Im Moment des Angaloppierens muss die Longe locker sein, damit das Pferd innen frei ist zum Vorspringen in den richtigen Galopp.

▶ Am Ende der offenen Seite eines Zir-

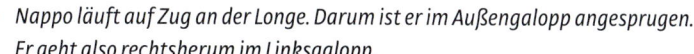

▶ *Nappo läuft auf Zug an der Longe. Darum ist er im Außengalopp angesprungen. Er geht also rechtsherum im Linksgalopp.*

kels will das Pferd nach außen ausbrechen oder fällt in den Trab. Möglicherweise hat man es zu dicht an die Bande oder den Zaun laufen lassen. Schon ab der Bahnmitte muss deutlich darauf geachtet werden, dass ein Kreis und nicht ein Quadrat entsteht. Beim schnellen Laufen auf die Begrenzung zu wird das Pferd leicht verunsichert und gebremst, wenn es die weitere Richtung nicht rechtzeitig erkennen kann.

▶ Das Pferd galoppiert mit unwilligem Buckeln erst nach längerem Traben an. Es wartet ab, bis der Mensch mit viel Aktion hinter ihm herläuft und stürmt dann los. Meist fehlte schon dem Stimmkommando die Überzeugungskraft. Ohne viel Aufwand sollte zusätzlich eine Peitschenhilfe erfolgen.

▶ Das Pferd fällt nach einigen Runden in den Kreuzgalopp. Man sollte versuchen, nach nur kurzem Galopp, das Pferd wieder zum Trab durchzuparieren, bevor es in den Kreuzgalopp umspringt. Dann werden die Galoppintervalle allmählich verlängert.

▶ Geraden an der Longe

Dies wird ein kleines, aber feines Kapitel mit nützlichen Tipps, um das Pferd an der Longe geschickt eine Strecke geradeaus schicken zu können.

SINN UND ZWECK ▶ Es gibt immer wieder Situationen, in denen es nötig ist, das Pferd an der Longe eine gerade Strecke laufen zu lassen, beispielsweise beim Verschieben der Zirkel oder wenn man auf ein Hindernis zusteuert.

Das noch ungerittene Pferd wird darauf vorbereitet, alleine geradeaus zu laufen, ohne dass jemand wie beim Führen neben ihm geht.

Im Trab kann man Tempoverstärkungen an den langen Seiten üben.

VORAUSSETZUNGEN ▶ Das Pferd sollte sich gut korrigieren lassen, wenn es auf dem Zirkel nach innen drängelt. Es muss die Peitsche richtig deuten und ihr weichen, wenn sie nach vorne auf seine Schulter zeigt.

▶ *So wird Djaszlo daran gewöhnt, alleine geradeaus zu gehen.*

▶ *Mit zwei Pferden ist zwischen allen eine gute Abstimmung erforderlich.*

Diese Übung ist nur auf einem rechteckigen Platz möglich.

SO GEHT'S ▶ Beschließt man, das Pferd geradeaus von einem Zirkel auf eine lange Seite zu lenken, geht man parallel zu ihm längs durch die Bahn. Dabei kommt es darauf an, den richtigen Zeitpunkt zum Losgehen nicht zu verpassen, der dann ist, wenn das Pferd die kurze Seite hinter sich hat und gerade die lange Seite beginnt. Es darf sie noch nicht wieder verlassen wollen, um auf den Zirkel abzuwenden. Dann wäre es zu spät, um geradeaus zu gehen.

Geraden sind in jeder Gangart möglich. Man beginnt im Schritt. Im Galopp ist diese Übung nur für fortgeschrittene Longierer geeignet.

HAND UND FUSS ▶ Das Gelingen dieser Übung hängt sehr stark von der richtigen Position des Longeurs ab.

Wenn man neben dem Pferd losgeht und die Bahn der Länge nach durchschreitet, um das Pferd die lange Seite entlang zu schicken, zeigt man mit der Peitsche in die Mitte des Pferdes. Von dort kann man variieren. Will das Pferd auf einen Zirkel abwenden, zeigt man mit der Peitsche weiter nach vorne auf den Hals. Dabei wird die Peitsche wie immer unter der Longe geführt. Will es stehen bleiben, zeigt man weiter nach hinten. Vorausgesetzt man befindet sich immer auf der richtigen Höhe, also ungefähr auf Schulterhöhe, neben dem Pferd. Läuft man zu weit vor, würde das Pferd umdrehen oder anhalten. Geht man zu langsam mit, fällt man zurück und das Pferd denkt, es solle wieder auf den Zirkel abbiegen.

DIE FEINHEITEN ▶ Im Schritt das gleiche Tempo wie das Pferd zu halten, ist problemlos. Schwieriger wird es im Trab oder sogar Galopp. Man versucht möglichst schnell zu gehen und nicht zu laufen, damit das Pferd sich nicht so stark getrieben fühlt. Dabei stellt man sich am besten vor, man balanciere ein Buch auf dem Kopf, um gerade zu gehen und nicht zu hüpfen.

Wenn man mit dieser Übung beginnt, ist es leichter, das Pferd an der langen Seite mit ein wenig Außenstellung gehen zu lassen. Es neigt dann nicht so sehr dazu, wieder von der Seite abzubiegen. Mit zunehmender Übung sollte man darauf achten, das Pferd möglichst gerade gehen zu lassen.

FEHLERQUELLEN ▶ Das Pferd bleibt nicht auf der langen Seite, sondern will nach innen abbiegen. In diesem Fall war man zu langsam und ist hinter das Pferd geraten, sodass der Weg auf den Zirkel wieder frei ist. Man muss also schneller mitgehen und mit der Peitsche auf die Schulter zeigen.

▶ Statt die lange Seite entlang zu gehen, bleibt das Pferd zu Beginn der Seite stehen und dreht um. Man ist zu weit vor das Pferd geraten und hat es ausgebremst. Falls das Pferd dieses Verhalten häufig zeigt und nicht geradeaus läuft, wenn man weiter hinten geht, hilft gleichzeitiges Treiben mit der Peitsche, um das Umdrehen zu verhindern.

▶ *Halten*

Das Halten an der Longe ist ein guter Test, ob das Pferd auch auf Entfernung die Kommandos befolgt und sich auf seinen Ausbilder konzentriert.

▶ Ich versperre Smartie den Weg, um ihn aus dem Trab zu stoppen. Die Peitsche wird unter der Longe geführt und vor dem Pferd angehoben.

▶ Smartie drückt sich aus dem Stand kraftvoll direkt in den Trab ab. Meine Position und Peitschenhaltung sind geändert.

SINN UND ZWECK ▶ Besonders für ungeduldige Pferde, die sich schlecht konzentrieren können und leicht ablenken lassen, ist das Anhalten und Stillstehen eine schwierige Lektion, die gerade deshalb geübt werden muss. Es lässt sich gut überprüfen, welchen Einfluss man auch über die Entfernung auf sein Pferd hat.

Weiterhin fördert das Anhalten aus dem Trab, kombiniert mit erneutem Antraben oder Rückwärtsgehen, die Durchlässigkeit und Aufmerksamkeit des Pferdes. Drückt sich das Pferd aus dem Halten gut in den Trab ab, wird die Hinterhand gestärkt.

VORAUSSETZUNGEN ▶ Das Pferd sollte beim Führen am kürzeren Strick gelernt haben, auf Stimmkommando anzuhalten und auch das Anheben der Gerte vor seinem Kopf als zusätzliche Hilfe kennen und akzeptieren. Diese Gertenhilfe lässt sich dann gut auf die Hilfe mit der Peitsche übertragen, die zum Durchparieren ebenfalls vor dem Pferd angehoben wird.

SO GEHT'S ▶ Man beginnt mit dem Anhalten zunächst aus dem Schritt an einer Begrenzung. Der günstigste Punkt liegt dort, wo die Zirkellinie wieder an den Zaun oder die Bande stößt. Im Roundpen kann an jedem Punkt gehalten werden.

Entschließt man sich zu halten, öffnet man den Winkel (siehe die Zeichnung zum stumpfen Winkel S. 27) zwischen Pferd und Longe, indem man etwas vor das Pferd tritt, ohne sich ihm zu nähern. Da man sich dabei aber der Begrenzung

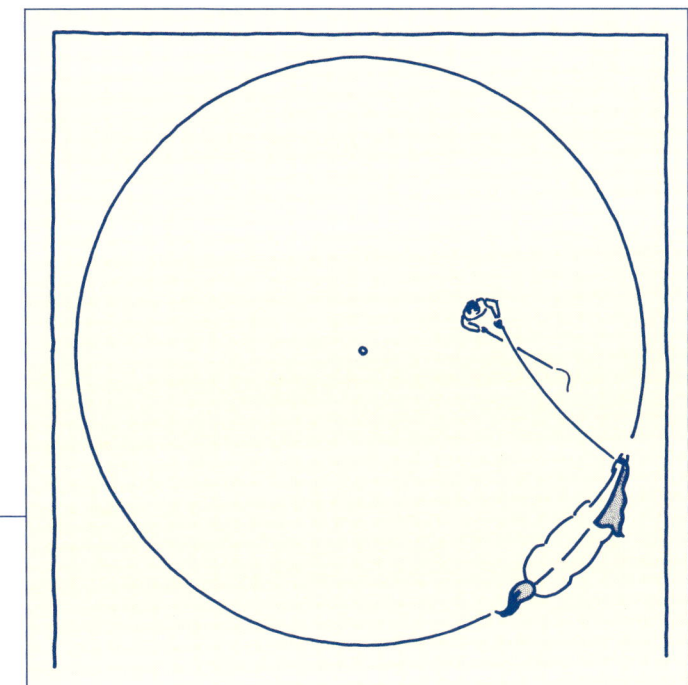

Zum Anhalten verlässt der Longeur den Mittelpunkt und schneidet dem Pferd den Weg ab. Dabei nutzt er die Bande als Begrenzung nach außen.

nähert, ergibt sich zwischen ihr und dem Longierer ein Engpass, in den das Pferd nicht freiwillig hineinläuft und deshalb abstoppen wird. Die Größe des Engpasses, der das Pferd zum Anhalten bringt, ist je nach Sensibilität individuell verschieden. Pferde mit wenig Respekt vor dem Menschen versuchen, sich auch durch einen engen Zwischenraum noch durchzuquetschen und nach vorne davonzustürmen. Zusätzlich gibt man das bereits bei dem Führtraining erlernte Stimmkommando zum Anhalten und hebt vor dem Pferd die Peitsche. Steht das Pferd, lässt man die Peitsche sinken. Zum erneuten Angehen nimmt man sie dann wieder nach hinten.

Funktioniert das Halten aus dem Schritt zuverlässig, geht man dazu über auch aus dem Trab anzuhalten. Das Pferd sollte vom Trab direkt zum Stehen kommen. Man kann dem Kommando Nachdruck verleihen, indem man sich ruckartig vor das Pferd bewegt, möglichst ohne ihm näher zu kommen.

Auch aus dem Galopp ist das Anhalten möglich, sofern der Galopp schon gut ausgebildet ist. Sonst würde die Übung zu hektisch verlaufen. Stoppt das Pferd auf der Vorhand, sollte man die Übung nicht fortsetzen und vorerst das Halten aus dem Trab weiterüben.

Ist das Halten sicher, kann man es an jeder Stelle des Zirkels verlangen.

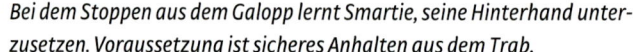

Bei dem Stoppen aus dem Galopp lernt Smartie, seine Hinterhand unterzusetzen. Voraussetzung ist sicheres Anhalten aus dem Trab.

HAND UND FUSS ▶ Wie schon erwähnt, hebt man zum Anhalten die Peitsche vor dem Pferd an. Diese Bewegung wird ruhig ausgeführt, damit das Pferd nicht erschreckt und den Kopf hochwirft. Weiterhin ist es wichtig, die Peitsche unter der Longe hindurch nach vorne zu führen, um sie dort anzuheben. Führt man sie über der Longe, müsste man sie mit einer Aufwärtsbewegung wieder nach hinten nehmen, die dann im falschen Moment treibend wirken würde.

Bei der Positionsänderung vom Mittelpunkt zu einem Punkt schräg davor geht man mit zügigen, aber ruhigen Schritten. Mit der Zeit genügt dann ein Schritt zur Seite oder sogar nur eine Gewichtsverlagerung. Wichtig ist, dass man nicht hinter die Bewegung des Pferdes gerät, da man dann treibend wirken würde.

DIE FEINHEITEN ▶ Oft neigen Pferde dazu, während des Haltens nach außen zu schauen oder an der Bande zu schnüffeln. Das zeigt eine gewisse Unaufmerksamkeit oder aber Unsicherheit des Pferdes. Durch sehr vorsichtiges Zupfen an der Longe versucht man, es davon abzuhalten. Nimmt man die Longe zu viel an, wird das Pferd nach innen kommen oder umdrehen. Um das zu verhindern, hält man die Peitsche parat und richtet sie bei Bedarf auf die Schulter oder den Kopf des Pferdes, damit es außen bleibt. Bei diesen Aktionen muss sich die Peitsche stets unter der Longe befinden, auch wenn sie angehoben wird. So kann man sie jederzeit schnell wieder ohne Anheben nach hinten schwenken, falls das Pferd einmal rückwärts gehen will.

FEHLERQUELLEN ▶ Der Ausbilder entschließt sich zu spät, dem Pferd symbolisch in den Weg zu treten. Er gelangt dadurch hinter das Pferd, das dann nach vorne stürmt, weil es sich getrieben fühlt. Die Hilfe zum Anhalten gibt man, wenn man die Longe zu einen stumpfen Winkel geöffnet hat.

▶ Das Pferd hält nur kurz an und geht dann ohne Aufforderung weiter. Möglicherweise hat man das bereits einige Male durchgehen lassen. Auch wenn es etwas Mühe macht, sollte man stets darauf bestehen, dass das Pferd so lange stehen bleibt, bis es ein neues Kommando erhält.

▶ Das Pferd bleibt nicht außen stehen, sondern läuft in den Zirkel. Man sollte das Pferd nie nach dem Halten zu sich in die Mitte rufen. Zur besseren Unterscheidung erfolgt das Kommando zum Appell immer aus der Bewegung heraus. Will das Pferd doch einmal nach dem Halten nach innen kommen, zeigt man mit der Peitsche auf den Pferdekopf und hält es so außen.

▶ *Rückwärts*

Das Rückwärtsgehen an der Longe zeigt deutlich, auf welche Entfernung das Pferd bei minimierten Hilfen noch respektvoll auf den Menschen reagiert und ob es das Stimmkommando kennt.

SINN UND ZWECK ▶ Rückwärtsgehen an der Longe verbessert den Gehorsam und die Aufmerksamkeit. Im Wechsel mit Anhalten und Antraben ist es ein gutes Training für die Hinterhand. Steht ein Pferd nicht ordentlich still, kann man das Rückwärtsgehen gut zur Korrektur einsetzen.

▶ *Zum Anhalten hebe ich die Peitsche vor Djaszlo an. Gleichzeitig gebe ich ein Stimmkommando, auf das er aufmerksam hört.*

▶ *Das Kommando zum Rückwärtsgehen ist erfolgt. Ich bewege die Peitsche auf und ab und gehe so mit, dass Djaszlo vor mir weicht.*

▶ *Wenn das Pferd aus dem Rückwärtsgehen anhalten soll, wird die Peitschen-spitze auf den Boden gesenkt.*

▶ *Zum Angehen mache ich Djaszlo den Weg wieder frei und nehme die Peitsche hinter ihn.*

VORAUSSETZUNGEN ▸ Bevor man das Rückwärtsgehen an der Longe verlangt, muss es auf kurze Distanz beim Führen problemlos funktionieren, das heißt, das Pferd sollte ohne Druck nur auf Körpersprache und Stimmkommando zurückweichen.

Weiterhin sollte das Pferd an der Longe anhalten, wenn man die Peitsche vor ihm anhebt, ohne nervös auf die Peitsche zu reagieren.

SO GEHT'S ▸ Nachdem das Pferd angehalten hat, fasst man die Longe ungefähr eine Schlaufenlänge nach, um etwas näher am Pferd zu sein und leichter den Weg nach vorne versperren zu können. Man befindet sich, wie beim Anhalten, leicht vor dem Pferd, sodass Longe und Pferd einen offenen Winkel bilden. Dann wendet man sich dem Pferd zu und bewegt die Peitsche vor ihm auf und ab, gleichzeitig gibt man das Kommando zum Zurückgehen. Bei meinen Pferden benutze ich das Wort „weg", die Westernreiter sagen gerne „back". „Zurück" finde ich nicht ganz so gut geeignet, weil es dem Kommando „Scheritt" ähnelt. Zum Abschluss senkt man die Peitsche auf den Boden und nimmt sie wieder nach hinten.

HAND UND FUß ▸ Die Position zum Pferd ist sehr wichtig für das Gelingen der Lektion. Man wendet sich dem Pferd etwas mehr zu als beim Anhalten. Beginnt das Pferd mit der Rückwärtsbewegung, geht man am besten im gleichen Takt mit, sozusagen auf einer Parallelen zum Pferd. Dabei muss man beachten, dass man keine größeren Schritte als das Pferd macht, da man sonst an ihm vorbei laufen würde und es

dann vorwärts entweichen könnte. Die Peitsche wird mit einer weichen Bewegung aus dem ganzen Arm heraus bis hin zur Schulter auf und ab geführt. Später kann dann bei aufmerksamen Pferden auch ein Schulterheben wirken. Reagiert das Pferd nicht auf die Peitsche, lässt man den Schlag so ausschwingen, dass er das Pferd an der Brust berührt. Heftige, schnelle Bewegungen mit der Peitsche sind nach Möglichkeit zu vermeiden, sie führen leicht zum Hochreißen des Kopfes, können bei sturen Pferden aber doch einmal nötig sein.

DIE FEINHEITEN ▸ Während des Rückwärtsgehens hält man mit der Longe eine gleichmäßige Verbindung. Lässt man zu locker, schaut das Pferd nach außen und geht schief nach innen zurück. Nimmt man die Longe zu stark an, wollen einige Pferde nach innen umdrehen. Da sich die Peitsche zu dem Zeitpunkt vor dem Pferd befindet, muss man sie schnell, aber nicht hektisch unter der Longe hindurchführen und mit ihr wieder auf die Schulter zeigen. Hat man die Tendenz zum Umdrehen korrigiert, beginnt man erneut mit den Hilfen zum Rückwärtsgehen.

Mit der Zeit wird man sich immer weniger zu dem Pferd drehen müssen, bis man selber mit ihm parallel rückwärts gehen kann.

FEHLERQUELLEN ▸ Das Pferd entscheidet selbst, wie weit es zurückgehen will. Darauf darf man sich auf keinen Fall einlassen, da die Abschnitte dann von Mal zu Mal immer kürzer werden würden. Stets hört man in einem Moment mit dem Rückwärtsgehen auf, in dem das Pferd willig geht.

▶ Wenn ein Pferd schon willig und sicher rückwärts geht, kann man mit ihm parallel auch selber rückwärts gehen.

▶ Dabei muss man die Peitsche heben und senken. Man darf nicht hinter das Pferd geraten, sonst würde es wieder vorwärts wollen.

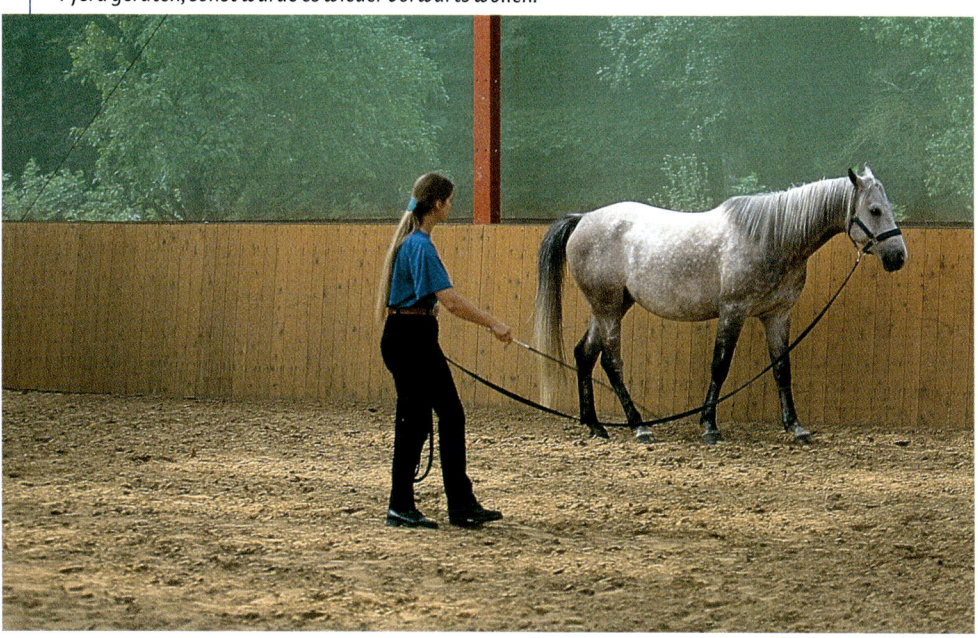

▶ Nach jedem Rückwärtsgehen geht das Pferd sofort los und bleibt nicht abwartend stehen. Wahrscheinlich hat man häufig das Antreten aus dem Rückwärtsgehen geübt. Nun meint das Pferd, jedes Mal sofort losgehen zu müssen. Hier muss man geduldig und konsequent auf sein Kommando zum Halten bestehen. Damit das Pferd nicht automatisch eine Lektion an die andere hängt, wechselt man zwischen Antreten im Schritt und Trab, Stehenbleiben und erneutem Rückwärtsgehen ab.

▶ Das Pferd reagiert erst bei massiver Hilfengebung. Die Voraussetzungen sollten überprüft werden. Geht das Pferd am Strick wirklich willig zurück und hört dabei auf ein Stimmkommando? Erkennt es die abbremsende Wirkung der Gerte vor seinem Kopf an? An der Longe übt man zunächst auf kurze Distanz und erweitert sie erst, wenn die Hilfen gut angenommen werden.

▶ Appell

Als Appell bezeichnet man das Herankommen des Pferdes in den Zirkel auf Zuruf. Er zeigt gut, ob das Pferd seinem Ausbilder vertraut.

SINN UND ZWECK ▶ Lässt sich das Pferd jederzeit an der Longe heranrufen, kann das in schwierigen Situationen oft hilfreich sein. Hat sich ein Pferd beispielsweise erschreckt und rennt aufgeregt los, kann man es zu sich rufen und wieder beruhigen. Es lernt dann, dass es bei seinem Ausbilder sicher ist. Verliert man die Aufmerksamkeit des Pferdes, kann man sie durch einen Appell zurückholen. Bei dieser Lektion lernt das Pferd, auf seinen Namen zu hören. Sitzt die

Lektion sicher, kann man sein Pferd auch in anderen Situationen, beispielsweise im Auslauf, besser zu sich heranrufen.

Die Meinung, dass man ein Pferd an der Longe auf keinen Fall nach innen kommen lassen darf, teile ich also nicht.

VORAUSSETZUNGEN ▶ Solange ein Pferd beim Longieren noch stark nach innen drängelt und sich respektlos zeigt, sollte man den Appell zurückstellen. Besonders bei Hengsten muss man darauf achten, dass die Rangordnung nicht infrage gestellt wird.

Damit das Pferd das Halten auf der Zirkellinie und den Appell gut unterscheiden kann, ruft man es nur aus der Bewegung heran.

SO GEHT'S ▶ Bei einem korrekten Appell kommt das Pferd von der Zirkellinie auf direktem und geraden Weg zum Ausbilder in die Mitte.

Falsch hingegen wäre es, wenn der Zirkel allmählich immer kleiner wird, bis das Pferd dann endlich in der Mitte zum Stillstand kommt. Grundsätzlich ist der Appell aus jeder Gangart möglich. Man beginnt ihn aus dem Schritt zu üben, bis das Pferd ohne Longeneinwirkung herankommt.

Wann das Pferd in die Mitte kommen darf, muss man ihm deutlich zu verstehen geben, denn normalerweise ist das an der Longe verboten. Man spricht es mit seinem Namen und einem Kommando an. Besonders gut eignet sich das Wort „hier", man kann es so lang ziehen wie ein unsichtbares Band, an dem man, bildlich gesprochen, das Pferd zu sich zieht. Nicht so gut eignet sich das Wort „komm", das sehr häufig als Aufforderung ohne spezifische Bedeutung eingesetzt wird. Hat man die Aufmerksamkeit des Pferdes erlangt, setzt man zusätzlich seine Körpersprache ein. Man geht rückwärts und bückt sich etwas, um dem Pferd zu zeigen, dass es näher kommen darf. Reagiert das Pferd nicht, ruckt man sofort kurz an der Longe. Macht das Pferd den ersten Schritt in den Zirkel, lässt man die Longe gleich wieder locker. Das Pferd sollte nicht nach innen gezogen werden, sondern aus eigenem Antrieb laufen.

Steht es dann gerade vor einem, lobt man es und gibt eine Belohnung. Die Belohnung füttert man immer aus einer tiefen Hand, damit das Pferd in einer entspannten Haltung steht und nicht mit erhobenen Kopf bettelt.

HAND UND FUSS ▸ Der Appell ist eine Übung, bei der es schnell zum Knoten in der Longe kommen kann, allerdings nicht, wenn man ein paar Dinge beachtet.

Nehmen wir an, man ist auf der linken Hand. Die Longe befindet sich in der linken Hand, die in diesem Fall auch die vordere Hand ist. Zur Steigerung der Aufmerksamkeit schwingt man die Peitsche gleichzeitig mit dem Stimmkommando in einem kleinen Bogen an dem Pferd vorbei, um sie dann an der eigenen rechten Seite nach hinten zu klappen. Die Peitsche darf nicht im Weg sein, wenn das Pferd auf einen zugeht. Jetzt greift man mit der rechten Hand, die auch die Peitsche hält, an die Longe, sie wird damit zur Führungshand. Muss man nun die Longe aufnehmen, weil sich das Pferd nähert, nimmt man mit der linken, der Arbeitshand die Longe in gleichmäßigen Schlaufen auf. Muss man nachfassen, stoppt man solange mit der rechten Hand die Longe und greift dann mit der linken Hand zwischen seinem

Körper und der rechten Hand wieder an die Longe, um die nächste Schlaufe aufzunehmen. Währenddessen lässt die rechte Hand wieder locker, damit die Longe durch sie hindurchgleiten kann. Die Peitsche zeigt dabei ohne viel bewegt zu werden nach hinten, um das Pferd nicht zu irritieren.

Befindet man sich auf der rechten Hand, funktioniert der Appell im Prinzip genauso. Um die Peitsche nach hinten zu klappen, muss man sie von hinten nach vorne am Pferd vorbei schwingen. Eine andere Möglichkeit wäre auch, sie in die linke Hand zu übergeben. Man hätte dann Schlaufen und Peitsche in der gleichen Hand.

Das mag jetzt ein wenig kompliziert klingen, aber genau diese Kleinigkeiten sind es, die das Longieren erheblich erleichtern können. Sind sie erst einmal in Fleisch und Blut übergegangen, gehört eine verknotete Longe der Vergangenheit an.

DIE FEINHEITEN ▸ Kommt das Pferd nicht gerade auf einen zu, kann man es durch einen Schritt rückwärts dazu animieren, seine Richtung zu korrigieren. Weiß man, zu welcher Seite das Pferd meist schräg geht, setzt man auf dieser Seite die Peitsche zur Begrenzung ein.

Ziel ist es, dass das Pferd ohne Longeneinwirkung nur auf Zuruf zu einem kommt.

FEHLERQUELLEN ▸ Das Pferd kommt nur zögerlich oder im Bogen nach innen. Zur Korrektur nimmt man die Longe direkt nach der Aufforderung zum Appell kurz kräftig an, um sie gleich wieder locker zu lassen, sobald das Pferd reagiert.

▶ *Smartie wird zum Appell gerufen. Die Peitsche, die links hinter ihn zeigte, wird in einer Bewegung unter der Longe durch nach rechts geklappt.*

▶ *Jetzt fasse ich mit der rechten Hand zusätzlich an die Longe, um sie besser aufnehmen zu können und gehe einladend rückwärts.*

▶ Smartie steht aufmerksam und gerade vor mir. Die Peitsche legt man nicht ab, man sollte sie immer griffbereit haben.

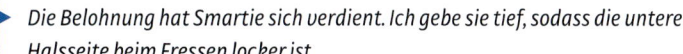

▶ Die Belohnung hat Smartie sich verdient. Ich gebe sie tief, sodass die untere Halsseite beim Fressen locker ist.

▶ *Wenn das Pferd nicht sofort reagiert, zieht man kurz an der Longe.*

Das Pferd soll direkt nach dem Kommando nach innen abwenden und den Ausbilder anschauen
▶ Eine weitere häufige Fehlerquelle bei dieser Lektion ist das falsche Aufnehmen der Longe, das beim Pferd als störendes Rucken am Halfter ankommt. Die Bewegung des Pferdes nach innen kann dadurch unterbrochen werden.

▶ Wendungen

Es gibt verschiedene Möglichkeiten, das Pferd an der Longe wenden zu lassen. Im Folgenden beschreibe ich eine einfache Variante, wie man ein einzelnes Pferd wenden kann. Diese Variante ist nicht für die Freiheitsdressur mit mehreren Pferden geeignet. Die Pferde müssten dann das Wechseln durch den Zirkel lernen.

Bei der Wendung konnte ich oft beobachten, wie fein Pferde auf die kleinsten Gesten reagieren, man könnte bald meinen, sie können Gedanken lesen. Während ich beschließe, jetzt einen Handwechsel einzuleiten und

gerade beginne, Longe und Peitsche zu sortieren, hat das mitarbeitende Pferd schon umgedreht. Wollte man wirklich einen Wechsel ausführen, sollte das Pferd nicht bestraft werden. Es hat eben auf die kleinsten Zeichen reagiert.

SINN UND ZWECK ▶ Es ist sinnvoll, auch an der Longe öfter die Hand zu wechseln, auf der das Pferd geht. Dafür ist es praktisch, wenn man das Pferd umdrehen kann, ohne zu ihm gehen zu müssen. Besonders wenn Pferde von sich aus ungehorsam kehrt machen, ist es hilfreich, diese Korrekturmöglichkeit zu beherrschen.

VORAUSSETZUNGEN ▶ Für diese Übung sind keine besonderen Voraussetzungen nötig, außer der eigenen Geschicklichkeit. Schon zu Beginn des Longierens möchte ich ohne viel Aufwand die Richtung ändern können oder sie korrigieren.

SO GEHT'S ▶ Soll das Pferd die Richtung wechseln, muss es zuerst nach innen auf den Longeur zugehen. Ich leite die Übung mit dem Kommando „Wende" ein, das ich gedehnt mit einem leichten Singsang ausspreche. Hat das Pferd auf Kommando und leichten Zug an der Longe in den Zirkel eingeschwenkt, treibt man es mit der Peitsche in die andere Richtung wieder nach außen. Dabei treibt man schräg von vorn auf die ehemals äußere Schulter des Pferdes zu. Man braucht nicht versuchen, hinter das Pferd zu gelangen, denn dann muss man meist mehr laufen als das Pferd und ist davon abhängig, ob es gewillt ist, umzudrehen. Es gibt Pferde, die ein Spielchen daraus

machen, immer wieder unerlaubt umzudrehen. Je mehr der Mensch läuft, umso
lustiger für sie. Daraus wird nichts,
wenn es einem gelingt, sein Pferd von
vorne aus, also vom Mittelpunkt aus,
umdrehen zu lassen. Für den Handwechsel läuft das Pferd eine Kehrtvolte
im Zirkel. Wendet das Pferd sehr eng,
sind darin Elemente einer Hinterhand-
wendung enthalten.

HAND UND FUß ▸ Soll der Wechsel
von der linken auf die rechte Hand
stattfinden, sehen die Hilfen wie folgt
aus: Man muss dafür mit der rechten
Hand, also der neuen vorderen Hand,
in die Longe greifen können, um das
Pferd in den Zirkel hinein zu lenken. In
der rechten Hand darf man weder das
Longenende noch die Peitsche halten,
beides hält man in der linken Hand,
sodass die Peitsche unter der Longe
hindurch nach links zeigt und dem
Pferd den Weg abschneidet. Gleichzeitig greift man mit der rechten Hand in
die Longe, zieht das Pferd ein wenig in
den Zirkel, wobei man einen Schritt
zurück gehen und die Longe mit der
linken Hand nachfassen kann. Schaut
einen das Pferd an, setzt man die Peitsche ein, um es in die neue Richtung
wegzutreiben. Der Peitscheneinsatz ist
wichtig, damit es nicht zur Verwechs-
lung mit dem Appell kommt. Bewegt
sich das Pferd in die gewünschte Richtung, lässt man sofort die Longe locker,
um es nicht zu behindern. Vor jedem
Handwechsel überlegt man sich, welche
Hand frei sein muss, um in die Longe
greifen zu können. Für den Wechsel
nach rechts ist es die rechte Hand, für
den nach links die linke Hand. Die
andere Hand nimmt jeweils eine Lon-

genschlaufe auf, damit sie nicht auf der
Erde schleift.

DIE FEINHEITEN ▸ Es ist sinnvoll,
nicht aus dem Halten zu wechseln. So
kommt das Pferd nicht so schnell auf die
Idee, aus dem Halt auch unaufgefordert
kehrt zu machen. Am besten gelingt der
Handwechsel im Schritt, ist aber auch
im Trab möglich.

Es gibt eine Feinheit, die das Aufnehmen und Abwickeln der Longe beim
Handwechsel von rechts nach links rei-
bungsloser gestaltet. Für diesen Wechsel
greift man mit der linken Hand in die
Longe, nimmt eine Schlaufe auf und legt
sie in die rechte Hand und zwar hinter
also weiter in die Hand als den bereits
gehaltenen Teil der Longe. Die neu auf-
genommene Schlaufe muss größer sein
als die vorhandene Schlaufe. Wenn man
dann die Longe nach dem Wechsel aus
der rechten Hand wieder in die linke
übergibt, lässt sie sich problemlos
abwickeln, ohne sich zusammenzukno-
ten. Klingt kompliziert, aber Fotos
angucken und ausprobieren – es funktioniert!

Für den Handwechsel nach rechts
ergibt sich die richtige Lage der Longe
automatisch, da sich die Schlaufen die
ganze Zeit in der linken Hand befinden.

Zum Wenden sucht man sich eine
Stelle aus, an der das Pferd nicht zum
unerlaubten Umkehren neigt, beispielsweise vor einer gruseligen Ecke, um dieses Verhalten nicht zu verstärken.

FEHLERQUELLEN ▸ Zuerst überprüft
man, ob Longe und Peitsche richtig
gehalten werden.
▸ Das Pferd beginnt richtig und will
umdrehen, geht dann aber doch wieder

▶ *Smartie wendet von der linken auf die rechte Hand. Peitsche und Longe halte ich in der linken Hand, um mit der rechten in die Longe zu greifen.*

▶ *Mit der rechten Hand leite ich Smartie in die neue Richtung und versperre mit der Peitsche die andere Seite.*

▶ *Smartie hat fast umgedreht. Ich beginne, ihn mit der Peitsche wieder nach außen zu treiben und gehe auf ihn zu.*

▶ *Mit der rechten Hand halte ich die Longe, bis sie nicht mehr durchhängt, dann nehme ich die Peitsche wieder in diese Hand.*

Das sind die Handgriffe für den Wechsel von der rechten auf die linke Hand. Die Peitsche würde man in der rechten Hand halten.

Beim Aufnehmen der Longe lege ich sie weit in die rechte Hand, damit sie später wieder gut in der linken liegt.

Die neu gebildete Schlaufe muss größer als die vorhandene sein.

Jetzt hat die linke Hand die Longe übernommen und ohne neu zu sortieren, kann man die Schlaufen wieder abwickeln.

in der alten Richtung weiter. Vermutlich war die Longe zu locker oder wurde zu früh wieder losgelassen, sodass das Pferd wieder nach außen schwenkt, statt ganz nach innen zu wenden. Durch einen Schritt rückwärts kann man die Longe straffen und dem Pferd den Weg frei machen. Man neigt häufig zu einer falschen Reaktion, nämlich auf das Pferd zugehen zu wollen, dann kann es aber nicht umdrehen.

▶ Das Pferd schwenkt nach innen und will dann bis in die Mitte kommen. Hier muss man ihm schnell mit der Peitsche den Weg versperren und es in die gewünschte Richtung treiben. Dabei wird die Peitsche immer auf der alten äußeren Seite eingesetzt.

▶ Statt mit der Wendung zu beginnen, rennt das Pferd immer weiter. Es fehlt das Abwenden nach innen. Kennt das Pferd noch kein Kommando oder hört es nicht darauf und reagiert auch nicht auf Peitschenzeichen und das Zurücktreten des Longeurs, hilft nur ein kräftiger Zug an der Longe, der dazu führt, dass das Pferd stutzt und einen ansieht. Jetzt kann man es in die gewünschte Richtung wegtreiben. Das Treiben erfolgt von schräg vorne. Man versucht, nicht hinter das Pferd zu gelangen. Will es in die falsche, also wieder in die alte Richtung, hält man die Longe straff und lässt es nicht gehen. Erst bei der richtigen, neuen Richtung lockert sich die Longe.

▶ Volten

Das Pferd immer nur auf dem Zirkel kreisen zu lassen, ist auf die Dauer viel zu langweilig. Volten lockern das Longieren auf und steigern den Wert des Longierens in Hinblick auf das Reiten.

SINN UND ZWECK ▶ Volten an der Longe verbessern die Balance und Wendigkeit des Pferdes. Es wird gebogen, ohne durch das Reitergewicht gestört zu werden. Im Idealfall läuft das Pferd von der Zirkellinie ausgehend an der lockeren Longe eine Volte, die auch wieder auf der Zirkellinie endet. Das Tempo soll in der Volte konstant bleiben. Volten sind eine besonders wertvolle gymnastizierende Lektion für Pferde, die auch unter dem Reiter steif sind oder noch nicht eingeritten sind.

VORAUSSETZUNGEN ▶ Das Pferd kann in Schritt und Trab, ohne nach außen zu ziehen, auf dem Zirkel an der Longe gehen. Es hat keine Angst vor der Peitsche und hört auf verschiedene Stimmkommandos. Die Lektion „Appell" kennt es bereits.

SO GEHT'S ▶ Die Lektion wird mit dem Kommando „Volte" eingeleitet. Ich spreche das Wort langsam und betone beide Silben. Gleichzeitig verlässt man den Mittelpunkt des Zirkels und bewegt sich ruhig auf die Hinterhand des Pferdes zu. Damit macht man den Zirkelmittelpunkt frei und lädt das Pferd zu einem kleineren Kreis ein. Während man sich vorher um den Mittelpunkt des Kreises bewegt hat, der hinter einem lag, geht man jetzt um den Mittelpunkt der Volte, der zwischen dem Longeur und dem Pferd und damit vor einem liegt. Das Pferd schaut, wenn es konzentriert ist, weiterhin zum Longeur, wodurch es eine verstärkte Biegung erhält und den Radius des Zirkels auf eine Volte reduziert.

Die Longe wird nur eingesetzt, falls das Pferd nach außen schaut und nicht

▶ *Smartie macht eine Linksvolte im Schritt. Ich mache den Zirkelmittelpunkt frei, damit er nach innen abbiegen kann.*

▶ *Deutlich sieht man, wie Smartie sich bei durchhängender Longe biegt. Die Peitsche zeigt in der Volte unter seinen Bauch.*

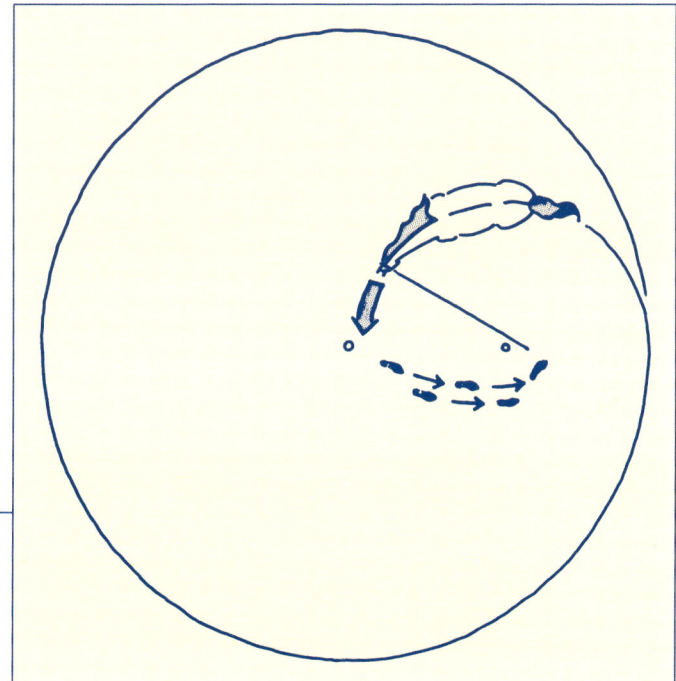

Soll das Pferd in eine Volte abbiegen, verlässt man den Mittelpunkt und bewegt sich um den Voltenmittelpunkt, der vor einem liegt.

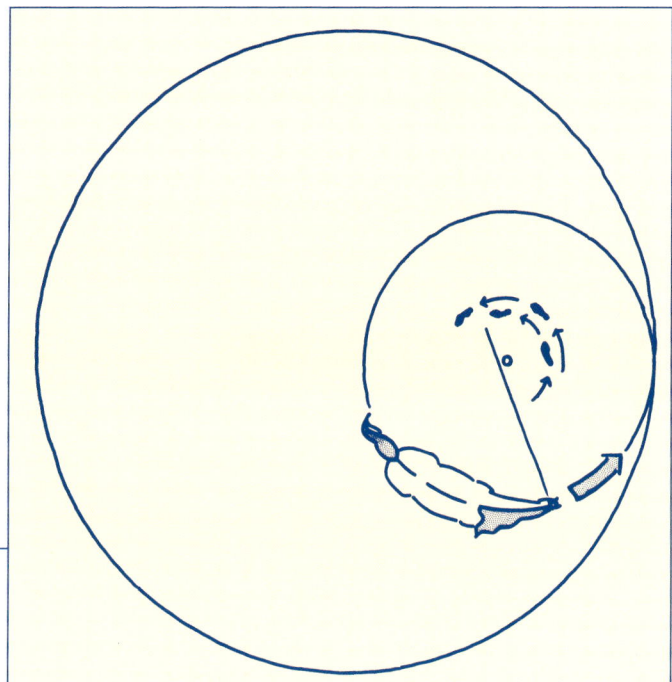

Bis zum Ende der Volte läuft man, ohne anzuhalten, in einem kleinen Kreis um den Voltenmittelpunkt.

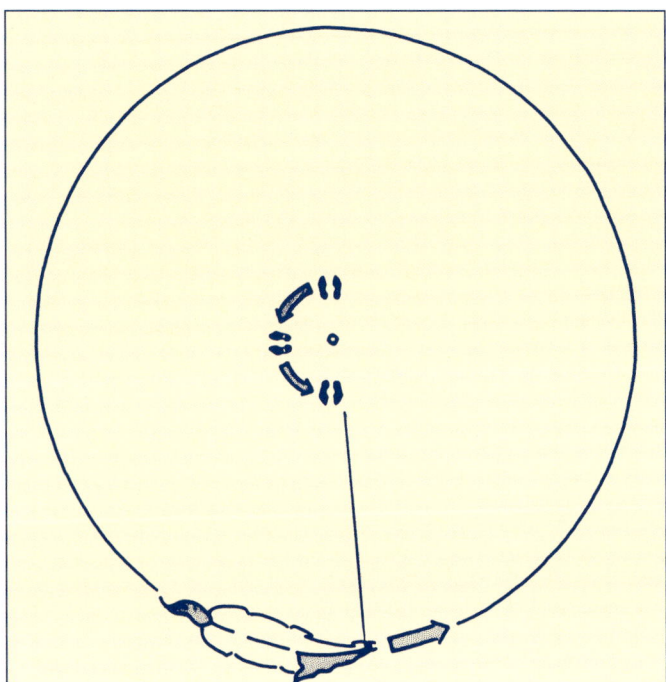

Soll das Pferd auf einem großen Zirkel gehen, bewegt man sich so im Kreis, dass der Mittelpunkt hinter einem liegt.

auf die Voltenlinie abwenden will. Ist die Volte beendet, geht man vorwärts zum Mittelpunkt des Zirkels zurück und schickt das Pferd wieder nach außen, wobei man mit der Peitsche auf die Schulter des Pferdes zeigt und das Kommando „außen" benutzt.

HAND UND FUß ▶ Wie bei allen Übungen sollte bei der Longenführung darauf geachtet werden, dass die Hand, die an der Longe näher am Pferd anfasst, nur der Führung der Longe dient und die dem Pferd abgewandte Hand die Longe aufnimmt und nachgibt.

Das sähe bei einer Volte auf der linken Hand beispielsweise so aus:

Die Longenschlaufen befinden sich in der linken Hand, sie ist dann die Arbeitshand. Die rechte Hand greift mit

der Peitsche, die unter den Bauch des Pferdes zeigt, an die Longe und wird zur Führungshand. Die linke Hand zieht die Longe durch die rechte Hand und nimmt dabei ein bis zwei Schlaufen auf, während das Pferd die Volte beginnt. Auf diese Weise wird das Pferd nicht durch überflüssige Longenbewegungen gestört.

Das Pferd kann eine oder mehrere Volten an der gleichen Stelle gehen, bis es wieder auf den Zirkel geschickt wird, wobei dann die rechte Hand die Longe wieder loslässt. Wichtig ist, dass das Pferd in den Volten nicht auf Zug an der Longe läuft. Es würde dann die Gefahr bestehen, dass es mit der Hinterhand ausfällt. Läuft es an der lockeren Longe, lernt es mit seinen Hinterhufen in der Spur der Vorderhufe zu bleiben und

Für die Volte greife ich mit der rechten Hand zusätzlich an die Longe, um mit der linken Hand die Schlaufen nachfassen zu können.

Die Peitschenspitze ist gesenkt und zeigt auf die Mitte des Pferdes. Sie ist der Punkt, um den Mezzo und ich die Volte drehen.

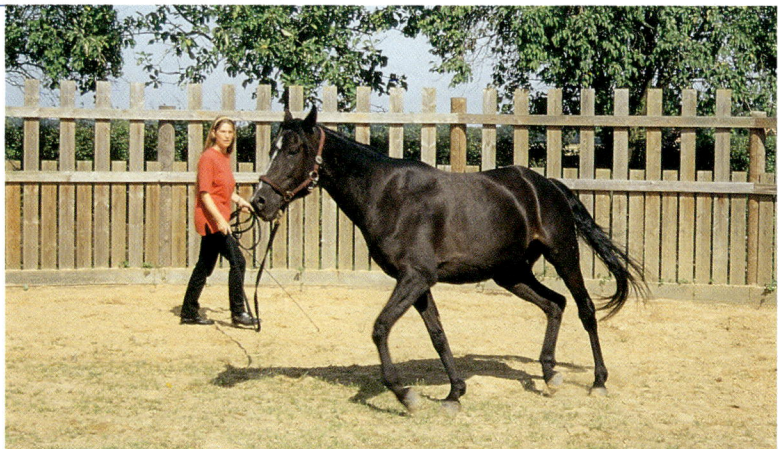

Die Longe sollte in der Volte immer durchhängen. Das Ende der Volte ist erreicht. Die rechte Hand lässt die Longe los und man geht wieder in die Zirkelmitte.

So sieht die Ausgangshaltung für eine Rechtsvolte aus. Die Longe liegt auf der Peitsche und wird mit dem Daumen gehalten.

Um nachzufassen, ziehe ich die Longe durch die Führungshand, stoppe mit dem Daumen...

...und greife mit der linken Arbeitshand die neue Schlaufe. So merkt das Pferd wenig von den Handgriffen.

wird gut vorbereitet für die gebogenen Linien unter dem Sattel.

Volten lassen sich in der Bahn oder auch im Roundpen üben. Auf dem Platz oder in der Reithalle kann man auch über die ganze Bahn longieren und dann Mitte der langen Seite oder jeweils in den Ecken eine Volte einbauen. Man sollte sich vorher ein bestimmtes Muster überlegen und dann seinen Plan verfolgen. So diszipliniert man sich selber und kann dem Pferd vorausschauend genaue Kommandos geben.

Als fortführende Lektion kann man freie Volten ohne Longe im Roundpen anstreben.

DIE FEINHEITEN ▸ Um nicht auf den Peitschenschlag zu treten, macht man nach den ersten Voltenschritten einen seitlichen Schritt über den auf dem Boden liegenden Schlag.
Ab dann geht man um den Schlag und die Peitschenspitze herum, bis zu dem Zeitpunkt, zu dem man das Pferd wieder auf den Zirkel schickt, seine Longierposition ändert und mit der Peitsche kurz nach vorne zeigt. Der Schlag befindet sich dann automatisch an der richtigen Stelle und man hat sich nicht selbst gefesselt. Die Volte dreht sich praktisch um die Peitschenspitze.

Um sich selbst zu überprüfen, kann man Volten so um einen Gegenstand herum anlegen, dass dieser die Longe nach zwei Dritteln, vom Pferd aus gesehen, markiert. Pferd und Mensch müssen den Gegenstand umkreisen.

FEHLERQUELLEN ▸ Das Pferd wird in den Volten hektisch und läuft auf Zug an der Longe. Die Hinterhand bricht aus der Kreislinie aus. Der Longierer ist

▸ *Zu Voltenbeginn macht man einen Schritt über den Schlag der gesenkten Peitsche.*

nach anfänglichem Mitgehen stehen geblieben und nicht schräg hinter dem Pferd mitgegangen, sodass der gedachte Mittelpunkt blockiert war. Das Pferd fühlt sich bedrängt und zieht nach außen. Kann es nicht weg, wird es stattdessen schneller.

▸ Das Pferd verliert in den Volten seinen Schwung. Kennt das Pferd die Übung „Volte", kann man es in der Volte mit lang ausholendem Peitschenschlag antreiben, am besten so, dass er das Pferd an der Hinterhand umschließt und auch von außen berührt.

▸ Das Pferd schaut nach außen. Der Longierer sollte das Pferd durch Ansprechen und Zupfen an der Longe auf sich

Amber reagiert auf meine Körperspra- che und biegt in die Volte ab, ohne dass ich die Longe annehmen muss.

Die Pylone dient zur eigenen Kon- trolle, ob die Volte dort landet, wo man sie geplant hat.

Der Mittelpunkt der Volte wird durch die Pylone markiert. Das Pferd ist doppelt so weit wie der Mensch davon entfernt.

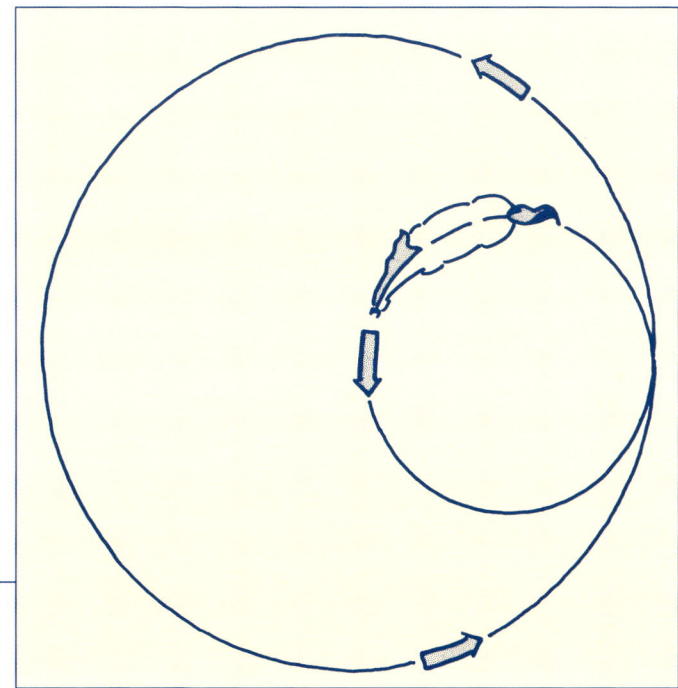

Volten beginnen und enden auf der Zirkellinie. Das Pferd wird dabei nicht nach innen gezogen.

aufmerksam machen. Ist das Pferd mit der Peitsche gut vertraut, kann man es auch durch eine leichte Berührung mit ihr kurz hinter der Gurtlage zur Biegung nach innen veranlassen.

▶ Das Pferd geht nach der Volte nicht wieder auf dem großen Zirkel weiter. Der Longierer hat den rechtzeitigen Moment verpasst, sich wieder auf Schulterhöhe des Pferdes mit dem gedachten Mittelpunkt im Rücken zu bewegen. Das Pferd wird dann nicht auf Distanz gehalten.

▶ Ganze Umdrehungen

Der so genannte Walzer, bei dem sich das Pferd einmal um sich selbst dreht, ist eine Lektion, die man häufig in der Freiheitsdressur im Zirkus sieht. Sie geht über das Repertoire hinaus, das die meisten Pferde an der Longe beherrschen.

SINN UND ZWECK ▶ Der Walzer bringt eine weitere Abwechslung in die freie Arbeit im Roundpen oder gegebenenfalls in einer Manege. Er erhöht die Wendigkeit und Aufmerksamkeit des Pferdes. Schnelle Drehungen mit anschließendem Abdrücken in den Galopp stärken die Hinterhand. Und natürlich bringt es einfach Spaß, mit seinem Pferd so eine zirkusreife Lektion trainieren zu können.

VORAUSSETZUNGEN ▶ Das Pferd sollte gelernt haben, auf verschiedene Stimmkommandos an der Longe zu hören. Es muss auf die Peitschenzeichen

Zur Vorbereitung für eine ganze Drehung wird die Longe von innen nach außen um den Hals gewickelt.

Mit der locker um den Hals hängenden Longe schicke ich Smartie wieder auf den Zirkel.

Mit der rechten Hand greife ich zusätzlich mit in die Longe und leite Smartie nach innen. Die Peitsche begrenzt seine äußere Schulter.

Ich treibe Smartie herum. Die Peitsche hielt ich zuerst links von mir und schwenke sie jetzt nach rechts.

Die Longe muss über die Kruppe gehoben werden. Die Bewegung darf nicht unterbrochen werden.

Die Drehung ist geschafft. Da es eine rasante Lektion ist, trabt Smartie danach einige Schritte.

und die Körpersprache willig reagieren. Den Handwechsel sollte es ruhig ausführen. Da die Longe über den Rücken streifen wird, ist es günstig, wenn das Pferd davor keine Angst hat.

SO GEHT'S ▸ Man beginnt die Umdrehungen an der Longe zu üben. Dabei gibt es zwei Möglichkeiten: Entweder das Pferd wickelt sich in die Longe ein oder es wird vorher eingewickelt und dreht sich dann wieder heraus. Ich habe mich für die zweite Variante entschieden. So kann das Pferd nach der Übung weiterlaufen und hat eine Art Erfolgserlebnis.

Die Longe wird einmal von innen nach außen um den Hals geschlungen, sodass sie nach der ganzen Drehung wieder abgewickelt ist. Um die Longe für die Drehung vorzubereiten, lässt man das Pferd anhalten. Danach longiert man noch ungefähr eine Runde weiter. Die Drehung beginnt wie der Handwechsel, wird dann aber nach außen fortgesetzt bis das Pferd wieder in die gleiche Richtung läuft wie zuvor. Die Longe rutscht dabei über den Rücken des Pferdes. Die eigene Position ist so zu wählen, dass man sich in einer Verlängerung der Längsachse durch den Pferdekörper befindet, während das Pferd sich dreht.

Anfangs gibt man das bekannte Kommando für die Wendung. Schon bald sollte man dann aber ein neues Kommando einführen, damit das Pferd für die Wendung nicht verwirrt wird. Ein zweisilbiges Wort eignet sich gut für diese Lektion. Von der Bedeutung würde etwas passen, das mit „drehen" zu tun hat. Ich habe mich für das französische „tourner" entschieden. Es unterscheidet

sich deutlich von den Kommandos „Volte" und „Wende" und lässt sich gut sprechen.

Es ist anfangs nicht wichtig, dass die Drehung sehr eng ausfällt. Das ergibt sich von selbst, wenn das Pferd die Übung besser kennt.

HAND UND FUSS ▸ So sieht der Ablauf bei einer Linksdrehung aus.

Die Longe befindet sich wie immer in der linken Hand, die Peitsche in der rechten Hand. Vor dem Walzer greift man mit der rechten Hand zusätzlich an die Longe, dann kann man mit der linken Hand die Longe nachfassen. Das Pferd beginnt, wie bei einer Wendung in den Zirkel zu schwenken. Nach der halben Drehung lässt die rechte Hand die Longe wieder los und hält nur noch die Peitsche.

Mit der Peitsche schwenkt man von links nach rechts unter der Longe durch, bis sich das Pferd wieder nach außen dreht. Dabei läuft man selber einen Bogen mit dem Pferd mit. Es gibt einen Moment, in dem man dem Pferd Auge in Auge gegenübersteht, dann entscheidet die Peitsche über die Bewegungsrichtung des Pferdes. Gleichzeitig zieht man mit der linken Hand die Longe etwas an.

Die Longe muss nach der halben Drehung angehoben werden, damit sie über den Rücken und die Kruppe gleiten kann. In diesem Moment machen die Pferde häufig ein paar schnelle Schritte oder einen Sprung, bis sie sich an den Vorgang gewöhnt haben.

Bei einer Rechtsdrehung gibt es nur einen kleinen Unterschied. Man kann die Longe die ganze Zeit in der linken Hand behalten, ohne mit der rechten Hand zugreifen zu müssen. Dabei kann man mit der Peitsche besonders gut hantieren.

Am besten man probiert einmal aus, wie es einem besonders gut gelingt.

DIE FEINHEITEN ▸ Die um den Hals gewickelte Longe sollte nicht zu straff sein, damit der Zug nicht direkt auf den Haken am Halfter wirkt, sondern auf das Longenstück, das außen am Hals liegt. So wird das Pferd durch die Longenwicklung weniger irritiert.

An dem Punkt, wo aus der Wendung eine volle Drehung werden soll, muss man das Pferd in Bewegung halten, damit es nicht an der Bande stehen bleibt, weil es sich nicht nach außen drehen will. Dafür können ein paar schnelle Schritte und aufmunternde Armbewegungen nötig sein.

FEHLERQUELLEN ▸ Das Pferd macht die letzten Schritte aus der Drehung nur stockend oder wird von der Bande stark ausgebremst. Die Longe darf nicht auf der Kruppe hängen bleiben, denn sonst geht der Longenzug nicht in die richtige Richtung. Das ist bei großen Pferden gar nicht so einfach.

▸ Das Pferd beginnt mit der Wendung wie gewünscht, springt dann aber in die Ausgangsposition zurück. In diesem Fall hat man die Peitschenposition zu früh geändert oder ist in die Bewegungsrichtung des Pferdes geraten und treibt dadurch das Pferd in die alte Richtung zurück, statt es die Drehung fortsetzen zu lassen.

▸ Von Mensch zu Mensch

Hier noch ein kleiner Tipp, der oft hilft, sich besser in die Situation am anderen Ende der Longe hineindenken zu können. Statt einem Pferd longiert man einen zweiten Menschen. Günstig ist es, wenn beide das Longieren trainieren wollen. Man kann sich abwechseln und verschiedene Schwierigkeitsgrade einbauen.

Der Mensch, der das Pferd spielt, kann typische Situationen nachstellen, die er selbst schon häufig erlebt hat. Vielleicht sieht er aus dieser Perspektive klarer, wie der Longierer reagieren müsste. In anderen Situationen wird dem Longierer klar, wenn sogar ein Mensch ihn missverstehen kann, sollte es einen bei einem Pferd auch nicht wundern.

Bei Lektionen wie dem Halten, Handwechseln und Volten ist dieses kleine Rollenspiel eine nützliche und auch spaßige Abwechslung.

▸ Trainingsplan

Nachfolgend gebe ich einige Beispiele, wie eine Longiereinheit ablaufen könnte. Entsprechend verschiedener Ausbildungsstände mache ich drei Vorschläge. Man muss sich selbstverständlich nicht genau daran halten, sie sollen lediglich der Orientierung dienen.

LONGIEREINHEIT 1 ▸ Diese Einheit ist für Pferde gedacht, die gerade die ersten Male an der Longe gehen. Vorausgesetzt wird das Führtraining, bei dem das Pferd gelernt hat, auf Abstand nebenher zu gehen und auf Zeichen und Kommando anzuhalten.

Man beginnt im Schritt. Wie bereits an anderer Stelle beschrieben, kann es die allerersten Male nötig sein, das Pferd gleich traben zu lassen. Gehen wir davon aus, dass es inzwischen möglich ist,

▶ Wenn ein Pferd so locker und in dieser Haltung trabt, ist der optimale
Zustand erreicht und es kann eine Pause gemacht werden.

▶ Zum Abschluss des Longierens wird Smartie zum Appell gerufen und aus tiefer Hand belohnt.

im Schritt zu beginnen. Man lässt das Pferd einige Runden gehen. Dann wechselt man schon in den Trab über. Die meisten jungen oder wenig ausgebildeten Pferd haben nicht die Geduld, sehr lange Schritt zu gehen.

Im Trab bleibt man jetzt längere Zeit und zwar solange bis das Pferd beginnt, den Kopf hin und wieder zu senken, zu kauen und zu lecken. Nun kann man wieder zum Schritt durchparieren.

Es folgt ein Handwechsel. Wird das Pferd bei dem Handwechsel noch unruhig und trabt an, wartet man einen günstigen Moment zum Durchparieren ab, in dem das Pferd aufmerksam ist und auf das Kommando eingehen wird. Bleibt das Pferd bei dem Handwechsel im Schritt, ist das umso besser. Es folgen wieder einige Runden Schritt, bevor man auch auf dieser Hand trabt. Jetzt wird es wahrscheinlich nicht mehr so lange dauern, bis das Pferd den Kopf erneut senkt und lockerer wird. In diesem Moment wird es wieder zum Schritt durchpariert. War der Trab auf dieser Hand nur sehr kurz, schließt man eine zweite Trabphase an.

Um etwas Abwechslung zu bieten, kann man die Zirkel einige Male verschieben, indem man das Pferd Abschnitte der langen Seite geradeaus gehen lässt.

Nach dem Trab auf beiden Seiten wird das Longieren in dieser Ausbildungsphase beendet. Das Pferd wird zum Appell gerufen und belohnt.

Mit dem Galopp warten wir noch, bis Volten im Trab möglich sind und das Pferd sich bereits nach kurzem Longieren entspannt.

Bis das Longieren einigermaßen reibungslos abläuft, beginnt man immer mit der besseren Seite des Pferdes, um am Anfang Unstimmigkeiten wegen der unliebsamen Seite zu vermeiden. Macht das Pferd dann gut mit, kann man sich an die schwierigere Seite wagen.

LONGIEREINHEIT 2 ▶ Die Verständigung an der Longe ist in dieser Ausbildungsstufe für's Erste geklärt. Jetzt kommen ein paar neue Lektionen hinzu.

Man beginnt wie immer im Schritt, was inzwischen kein Problem mehr sein dürfte. Zur besseren Gymnastizierung und Aufmerksamkeit baut man gleich einige Volten mit ein. Das macht man auf beiden Händen, bevor man das Pferd antraben lässt.

Um das Pferd möglichst gleichmäßig auf beiden Seiten zu longieren, beginnt man abwechselnd mal auf der einen, mal auf der anderen Hand. Hat man das Pferd mit Zirkeln, Volten und auch einer Runde ganzer Bahn aufgewärmt, lässt man es antraben. Im Trab werden die gleichen Übungen ausgeführt wie im Schritt.

Wenn alles gut klappt, folgt nun der Galopp. Hierfür wählt man zuerst die geschicktere Seite des Pferdes aus, um einen guten Einstieg in den Galopp zu finden. Anfangs reicht eine Runde Galopp aus. Das Pferd sollte durchpariert werden, bevor es ermüdet oder sich verspannt und in den Kreuzgalopp fällt. Schafft das Pferd eine Runde Galopp mühelos, steigert man im Laufe der Zeit auf drei bis vier Runden.

Nach dem Galopp sollte das Pferd wieder in einen ruhigen, gleichmäßigen Trab finden. Danach lässt man das Longieren im Schritt ausklingen. Ist das Pferd ruhig und aufmerksam, ist jetzt ein guter Zeitpunkt, um Anhalten und bald auch Rückwärtsgehen zu üben.

▶ Mit Volten im Schritt beginnt man das Longieren erst dann, wenn das Pferd keine grundlegenden Schwierigkeiten mehr macht.

▶ Smartie geht die Volte ruhig im Schritt, ohne dass ich die Longe annehmen musste.

Während dieser Ausbildungsphase kann man zugunsten des ruhigen Stehenbleibens auf den Appell am Schluss verzichten und zum Pferd gehen und loben, wenn es gut angehalten hat.

LONGIEREINHEIT 3 ▶ Dieses Programm ist für diejenigen, die sich intensiver mit dem Longieren beschäftigen möchten. Es geht über das hinaus, was Jungpferde vor dem Reiten lernen sollten.

Grundlage für diese Einheit ist die zuvor beschriebene Longiereinheit 2. Ich gehe nun auf die zusätzlichen Lektionen ein, die in das Programm eingebaut werden können.

Beim Aufwärmen kann man sich verschiedene Muster vornehmen, man geht beispielsweise im Schritt ganze Bahn und macht in jeder Ecke eine Volte.

Im Trab legt man die Volten dann jeweils in die Mitte der Seiten, wenn das Pferd ganze Bahn geht. Mit diesen Mustern kann man gut auch das eigene Geschick überprüfen.

Anhalten aus dem Trab und wieder Antraben fördern die Aufmerksamkeit und stärken die Hinterhand. Faule Pferde werden dadurch munter. Bei hektischen Pferden muss man mit dieser Übung sparsam umgehen. Nach dieser Lektion ist das Pferd gut vorbereitet, um es auch aus dem Schritt angaloppieren zu lassen und sich an Volten im Galopp heranzuwagen.

Wenn man das alles an der Longe üben kann, ist es bestimmt nicht mehr langweilig und zeugt von einer guten Zusammenarbeit von Mensch und Pferd.

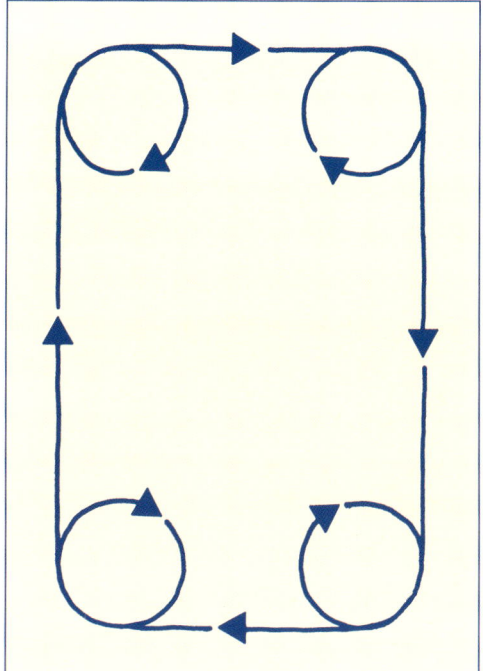

▶ *Dieses Muster eignet sich gut, um das Pferd im Schritt aufzuwärmen.*

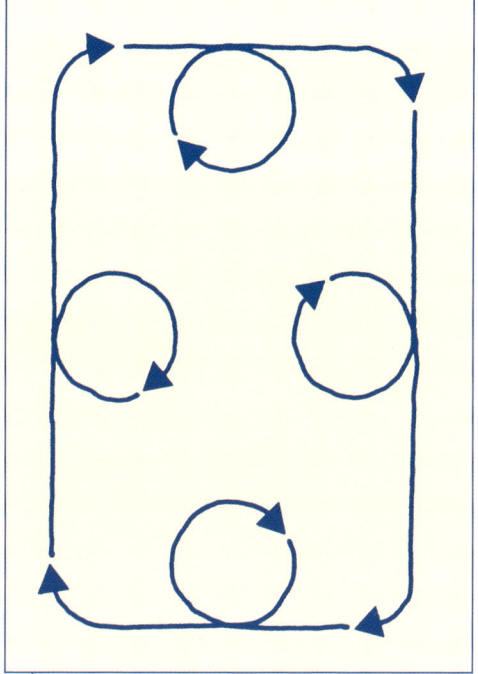

▶ *Das Muster erfordert präzise Hilfen. Es ist eine Herausforderung im Trab.*

▶ Nachdem Smartie zuvor angehalten hatte, zeigt er einen schubkräftigen
Trab. Mit dieser Übung kann man Pferde gut munter machen.

▶ Für ein solide ausgebildetes Pferd sind Volten an der Longe auch im Galopp
kein Problem. Smartie springt hier gut unter.

Trainingspläne in der Übersicht

Longiereinheit 1	Longiereinheit 2	Longiereinheit 3
⇒ Schritt: 2–4 Runden auf der besseren Hand beginnen ⇒ Trab: bis Zeichen der Entspannung sichtbar ⇒ Durchparieren zum Schritt ⇒ Handwechsel ⇒ Schritt: 2–4 Runden ⇒ Trab: bis Zeichen der Entspannung sichtbar ⇒ Durchparieren zum Schritt ⇒ zweite Trabphase möglich ⇒ Durchparieren zum Schritt ⇒ Appell ⇒ Belohnung	⇒ Schritt: auf jeder Hand einige Runden mit Volten ⇒ Trab: auf jeder Hand einige Runden mit Volten ⇒ Galopp: 1–4 Runden auf der besseren Hand beginnen ⇒ Trab: bis Zeichen der Entspannung sichtbar ⇒ Schritt: bis zur Erholung ⇒ Anhalten ⇒ Rückwärts ⇒ Belohnung	⇒ Schritt: auf jeder Hand einige Runden, auch ganze Bahn mit Volten in den Ecken ⇒ Trab: auf jeder Hand einige Runden, auch ganze Bahn mit Volten an den Seitenmitten ⇒ Übergänge: Trab-Halt-Trab ⇒ Galopp: auf jeder Hand einige Runden mit Volten ⇒ Übergänge: Schritt-Galopp-Schritt ⇒ Schritt: bis zur Erholung ⇒ Anhalten oder ⇒ Appell ⇒ Belohnung

Vielfalt des Longierens

Vielfalt des Longierens

Wenn man bis hierher gekommen ist, hat sich die Vielfalt des Longierens noch lange nicht erschöpft. Durch einige Variationen lässt sich das einfache Longieren interessant bereichern. Das kann das Trainieren mit Cavalettis und anderen Geschicklichkeitshindernissen oder auch das freie Üben in einem Roundpen sein. Hat man mehrere Pferde, macht es bestimmt Spaß, mit zwei Pferden gleichzeitig zu üben, wenn sie die Grundlagen dazu einzeln bereits gelernt haben.

▸ Cavalettis

Cavalettis sind eine Bereicherung für die Ausbildung an der Longe. Sie trainieren nicht nur den Körper des Pferdes, sondern auch die Psyche.

SINN UND ZWECK ▸ Es ist offensichtlich, dass Takt, Schwung und Balance mit Cavalettis verbessert werden können. Aber auch die Art, wie ein Pferd eine Aufgabe angeht, kann mit Cavalettis gefördert werden. Es muss die Schwierigkeit meistern, ohne hektisch zu werden, wodurch es an den Cavalettis hängen bleiben könnte. Auch wenn das Pferd weiß, dass es nicht ganz leicht ist, durch die Cavalettis zu traben, sollte es sich willig der Anforderung stellen. Die Art, wie ein Pferd über Cavalettis geht, sagt einiges über seinen Charakter aus.

VORAUSSETZUNGEN ▸ Es gibt verschieden Arten von Cavalettis. Ich benutze gerne welche aus Rattan, wie sie auch im Zirkus verwendet werden. Sie sind angenehm leicht, sodass man auch alleine Lust hat, sie aufzubauen. Da sie federn und nicht zerbrechen, springen sie hoch, wenn ein Pferd darauf tritt. Diese Eigenart verschafft ihnen bei den Pferden schnell Respekt, wenn sie die zierlichen Stangen erst nicht ganz ernst nahmen. Aus diesem Grunde sind sie allerdings zum Darüberreiten weniger geeignet.

Selbstverständlich kann man auch mit herkömmlichen Holz- oder Kunststoffcavalettis üben.

Bei der Arbeit mit Cavalettis ist es sehr angenehm, einen Helfer zu haben, der bereit ist, die Cavalettis nach einem misslungenen Durchgang wieder richtig aufzustellen. Es geht natürlich auch alleine, aber die Unterbrechung kann störend wirken, besonders wenn das Pferd Schwierigkeiten macht und nicht über die Cavalettis gehen will.

Das Pferd sollte die Grundgangarten an der Longe beherrschen.

SO GEHT'S ▸ Zu Beginn gewöhnt man das Pferd an nur ein Cavaletti. Viele Pferde kann man direkt darüber longieren. Hat das Pferd Angst oder versucht es umzudrehen, ist es einfacher, das Pferd über das Cavaletti zu führen. Man beginnt im Schritt, wenn es ruhig geht, wechselt man in den Trab, er ist die Gangart für Cavalettiarbeit.

Im Trab übt man solange, bis das Pferd keinen Sprung sondern einen erhöhten Trabschritt über das Cavaletti macht. Dann nimmt man ein zweites Cavaletti dazu. Das kann je nach Pferd

▶ *Vor diesen leichten Cavalettis aus Rattan haben die Pferde Respekt, da sie sich beim Anstoßen federnd bewegen.*

▶ *Mit Cavalettis kann man auch kleinen Pferden eine gute Gymnastizierung bieten. Pino zeigt über ihnen eine deutliche Schwebephase im Trab.*

alles an einem Tag geschehen oder sich über einige Tage hinziehen.

Das zweite Cavaletti stellt man im Abstand der doppelten Trabschrittlänge auf, sodass das Pferd jedes Bein einmal zwischen den Cavalettis aufsetzen muss. So wirkt man der Tendenz der Pferde entgegen, zwei Cavalettis mit einem Sprung nehmen zu wollen.

Geht das Pferd im Trab locker über die zwei Cavalettis, stellt man in die Lücke ein Drittes. Jetzt tritt nur noch ein diagonales Beinpaar in einen Zwischenraum. Der Übergang zu einem vierten Cavaletti fällt nun nicht mehr schwer.

Wie weit der Abstand sein muss, ist je nach Pferd sehr verschieden. Es kann sein, dass Pferde bei gleicher Körper-

größe ganz verschiedene Schrittlängen haben. Deshalb möchte ich hier keine Werte angeben. Man muss ausprobieren, welche Distanz für sein Pferd passend ist. Dazu kann man es parallel zu den aufgestellten Cavalettis longieren, um abzuschätzen, ob die Abstände passen könnten. Idealerweise macht das Pferd einen etwas erweiterten Schritt, um über die Cavalettis zu kommen, ohne dabei schneller zu werden.

Im Trab ergibt sich dadurch eine verlängerte Schwebephase. Es soll nicht durch die Cavalettis rennen müssen, um ausreichend große Schritte zu machen.

Nach einem gelungenen Durchgang longiert man das Pferd zur Beloh-

▶ *Amber setzt an zum Sprung zwischen die Cavalettis. Deutlich zu erkennen ist das Untersetzen und das Aufwölben der Oberlinie.*

nung eine Runde ohne Cavalettis. Auch im Galopp können Pferde über Cavalettis gehen. Es ist eine gute Gymnastik, bei der das Pferd den Rücken aufwölben muss. Man beginnt wieder mit einem Cavaletti und steigert dann bis auf drei. Der Abstand ist erheblich größer als für den Trab. Das Pferd setzt alle vier Beine zwischen den Cavalettis einmal auf, es springt also rein und wieder raus. Beim Springen spricht man von „In and out" Hindernissen.

HAND UND FUß ▶ Die Longen- und Peitschenhaltung ist die gleiche wie beim normalen Longieren. Um das Pferd gut über die Cavalettis lenken zu können, fasst man die Longe etwas kürzer und geht den Zirkel mit dem Pferd mit. Wenn man die Cavalettis in der Bahn an der kurzen Seite aufstellt, kann man sie besonders gut ansteuern, aber auch auslassen, wenn das Pferd nicht darüber traben soll.

Damit das Pferd nicht ausweicht, geht man parallel zu ihm auf die Cavalettis zu und hält es so auf einer geraden Linie. Mit der Peitsche rahmt man das Pferd ein, hält sie aber bei Bedarf, wenn das Pferd nach innen ausweichen will, in Richtung Schulter und Hals.

Man muss darauf achten, dass die Longe nicht am Kreuz der Cavalettis hängen bleibt, sie darf nicht weit durchhängen.

Aufmerksam und mit hohen Schritten überquert Amber die Cavalettis.

Der Abstand ist passend. Amber tritt mittig zwischen die Cavalettis.

Die Longe darf nicht durchhängen, damit sie nicht hängen bleibt.

DIE FEINHEITEN ▸ Passiert es doch einmal, dass die Longe am Cavaletti hängenzubleiben droht, kann man sie mit der Peitsche anheben und sich auf diese Weise retten. Hat man auch das nicht geschafft, geht man selber nah an die Cavalettis und hebt sie wieder über das Kreuz. Das Pferd wird dann vermutlich zu einer Volte abbiegen, da diese Positionsveränderung die Hilfe dafür ist. Zieht das Pferd die Cavalettis mit der Longe mit, muss man sie notfalls loslassen. Am besten holt man dann das Pferd mit einem Appell zu sich heran und sammelt dann die Longe wieder ein.

Die Cavalettis kann man für ein Pferd auf verschiedene Abstände stellen und dann im entsprechenden Tempo trainieren. Wie gesagt, die Schritte sollen höher und weiter werden, nicht schneller.

Mit der Zeit bekommt man ein Auge dafür, ob das Pferd passend bei den Cavalettis ankommt, dem entsprechend kann man den letzten Schritt verlängern, indem man das Pferd etwas treibt.

FEHLERQUELLEN ▸ Die Longe bleibt wiederholt an den Cavalettis hängen, obwohl das Pferd gleichmäßig läuft. Möglicherweise geht der Longenführer nicht parallel zum Pferd, sondern verändert den Abstand und kommt ihm näher.
▸ Das Pferd tritt im Trab mit allen Beinen zwischen zwei Cavalettis. Dann ist der Abstand zu groß für nur einen Schritt.
▸ Von Lücke zu Lücke tritt das Pferd näher an das nächste Cavaletti heran. Der Abstand ist zu gering. Das Pferd muss seine Schritte verkürzen, um nicht anzustoßen. Das ist nicht Sinn der Sache.
▸ Das Pferd geht nicht über die Cavalettis, sondern macht stattdessen kehrt. Der Longenführer war zu weit vorne neben dem Pferd und konnte es nicht mehr mit der Peitsche von der Seite begrenzen und von hinten einrahmen.
▸ Wenn das Pferd innen an den Cavalettis vorbei läuft, ist der Longenführer nicht weit genug mitgegangen. Er muss parallel zum Pferd gehen, um es auf einer geraden Linie über die Cavalettis schicken zu können.

▸ Longieren über Hindernisse

Mit dem Longieren über Hindernisse meine ich nicht das Longieren über Sprünge, sondern so genannte Trailhindernisse, wie beispielsweise eine Holzbrücke oder Plastikplane.

SINN UND ZWECK ▸ Lässt man das Pferd an der Longe über verschiedene Hindernisse gehen, kann man gut den Gehorsam und das Vertrauen überprüfen. Nun stellt sich heraus, welche Sicherheit ich dem Pferd auch auf diese Entfernung bieten kann. Wenn ich sage, es ist in Ordnung, dort entlang zu gehen, sollte sich das Pferd darauf einlassen und meine Richtungsweisung annehmen.

Bei heftigen Pferden, die einem in Situationen, die sie aufregen, gerne zu nahe kommen, hat man durch die Longe einen gewissen Sicherheitsabstand. Oft kann man aus der Entfernung auf das Pferd besser einwirken, sollte es sich wehren und nicht über die Plane oder den Holzsteg gehen wollen. Klappt es dann, hat das Pferd gelernt, sich ohne

▶ *Mal etwas ganz anderes, aber auch das Longieren über Hindernisse ist möglich.*

einen Menschen, der vorweg geht, über etwas Gefährliches zu trauen. Das wirkt sich auch auf das Verhalten unter dem Sattel aus.

VORAUSSETZUNGEN ▸ Das Pferd sollte an der Longe unter normalen Bedingungen die grundlegenden Lektionen willig ausführen. Der Longeur braucht auch in schwierigen Situationen entsprechendes Geschick und sollte deshalb im Longieren geübt sein.

SO GEHT'S ▸ Man beginnt am besten mit einer einfachen Übung, wie zum Beispiel dem Longieren durch eine Gasse aus zwei am Boden liegende Stangen.

Dabei kann man überprüfen, wie genau man das Pferd an eine bestimmte Stelle longieren kann, ohne dass es einem Hindernis ausweicht. Man beginnt im Schritt, kann diese Übung später aber in jeder Gangart ausführen.

Denkbar ist diese Methode für diverse Hindernisse, wie Plastikplane, Wippe, Brücke, Autoreifen, Flattertor oder auch Pfützen. Bei Pfützen hat diese Methode den Vorteil, dass man nicht vor dem Pferd durch die Pfütze gehen muss und keine nassen Füße bekommt.

Nehmen wir die Plane als Beispiel. Das Pferd will nicht über sie gehen. Man hat es bereits an die Plane geführt, daran schnuppern lassen und vielleicht

▸ *Hier kommt es darauf an, das Pferd genau steuern zu können. Eike lenkt Nappo schön gerade durch die Stangen.*

Eike longiert Nappo direkt auf die Plane zu. Die Longe ist gut aufgenommen und die Peitsche rahmt das Pferd ein.

Nappo schaut sich die Plane genau an, während er sie überquert.

Als die Hinterbeine die Plane erreichen, lauscht Nappo nach hinten, bleibt aber ruhig.

etwas Futter von der Plane gereicht. Das Pferd hat sie also in Ruhe betrachten können.

Nun longiert man das Pferd auf die Plane zu, indem man einen Zirkel daneben anlegt und diesen dann verschiebt. Wahrscheinlich wird das Pferd vor der Plane stehen bleiben. Mit der Peitsche hält man das Pferd auf Abstand, damit es sich jetzt nicht auf der Seite des Longeurs an dem Hindernis vorbeidrängelt. Eventuell muss man bei dieser Übung die Führkette wieder in Gebrauch nehmen, auch wenn man sie sonst nicht mehr benutzt. Das Pferd darf sich nämlich auf keinen Fall losreißen können. Man macht dem Pferd alle Richtungen unangenehm, die nicht über die Plane führen. Auf der einen Seite hält die Peitsche es davon ab, seitlich auszuweichen. Auf der anderen Seite lässt man es nicht vorbei, indem man die Longe straff hält. Dazu treibt man es von hinten mit der Peitsche und auch mit Worten immer wieder an. Bricht das Pferd seitlich nicht aus und geht auch nicht rückwärts, lässt man es zwischendurch zur Ruhe kommen und startet einen neuen Anlauf. Schritte nach vorne werden mit der Stimme deutlich gelobt.

Die ersten Male geht das Pferd vielleicht mit einem großen Sprung über die Plane, aber dabei kann nichts passieren, da man genug Abstand hat. Von Mal zu Mal wird der Sprung kleiner werden. Möglichst kurz hinter der Plane hält man das Pferd an und belohnt es. Das Pferd soll merken, dass es vor nichts weglaufen muss. Ziel ist, dass es ruhig über die Plane geht.

HAND UND FUß ▶ Man wählt die Richtung aus, bei der man geschickter

ist. Die Longen- und Peitschenhaltung ist wie bei dem normalen Longieren. Man achtet darauf, dass die Peitsche unter der Longe hindurch geführt wird, wenn man das Pferd auf Abstand halten will.

Vor einem unheimlichen Hindernis neigen Pferde dazu, schnell zu wenden und in die andere Richtung reißaus zu nehmen. Darauf muss man gefasst sein und die Longe so kurz fassen, dass man nahe genug am Pferd ist, um es daran zu hindern, umzudrehen. Wenn das Pferd an dem Hindernis vorbeilaufen will, passt man auf, dass man nicht rückwärts geht und ihm dadurch ausweicht und den Weg frei macht. Notfalls kann man auch die Arme hochreißen und sich groß vor dem Pferd aufbauen. Es muss auf alle Fälle klar sein: Wo der Mensch steht, ist der Weg versperrt.

DIE FEINHEITEN ▶ Besonders wichtig bei dieser Übung ist das richtige Timing bei dem Wechsel zwischen Druck und ruhigem Abwarten, in welche Richtung das Pferd sich bewegen wird. Druck erfolgt bei allen unerwünschten Richtungen. Bei Schritten nach vorne oder neugierigen Blicken verhält man sich passiv.

Das gleiche Prinzip ist auch bei dem Verladen sehr hilfreich.

FEHLERQUELLEN ▶ Man hat nicht genug aufgepasst und es gelingt dem Pferd, an dem Hindernis vorbeizulaufen. Das darf nicht zu oft passieren, sonst wird es immer schwieriger, das Pferd davon zu überzeugen, dass der einzig mögliche Weg über das unliebsame Hindernis führt.

▶ Man übt zu viel Druck aus, um das Pferd vorwärts zu treiben. Das Pferd reagiert heftig und springt in eine nicht

▶ *Ohne zu zögern klettert Amber über den Wall. Solche Übungen fördern die*
  Gelassenheit des Pferdes und sind gut für sein Körpergefühl.

kontrollierbare Richtung. Es verbindet den Druck mit dem Hindernis und wird zunehmend unwilliger. Immer wenn sich das Pferd in Richtung Hindernis bewegt, darf man es nicht zu stark treiben und man sollte ihm Zeit geben, die Situation in Ruhe zu erfassen.

▸ Das Pferd regt sich auf und wird auch nicht ruhiger, nachdem es das Hindernis einige Male passiert hat. Jetzt darf man die Geduld nicht verlieren und muss die Übung noch mehrmals wiederholen. Dabei versucht man das Pferd zum frühstmöglichen Zeitpunkt nach dem Hindernis anzuhalten und zu belohnen. Es soll begreifen, das es die Belohnung nicht für das Wegrennen, sondern für das Abwarten und Anhalten nach dem Hindernis bekommt. Dadurch verliert auch das Hindernis seinen Schrecken.

Longieren im Roundpen

Der Roundpen ist eine sinnvolle Ergänzung bei der Ausbildung von jungen oder schwierigen Pferden.

Außerdem kann er eine schöne Alternative bei der Beschäftigung mit dem Pferd werden, wenn man darin wie in einer Manege mit dem freilaufenden Pferd übt.

Zum Join up benutze ich ihn nur in einer leicht abgewandelten Form, indem das Pferd immer, wie gleich beschrieben, an einer Longe läuft.

SINN UND ZWECK ▸ Wenn das Pferd an der Longe auf einem größeren Platz Probleme bereitet, weil es sich losreißen will und meistens sehr stark nach außen zieht, ist es angenehm, auf einen Roundpen ausweichen zu können. Man kann dann entspannter Longieren und muss

sich nicht nur auf das Ziehen konzentrieren.

Pferde, die sich an der Longe schlecht durchparieren lassen, kann man im Roundpen besser in den Griff bekommen, weil man jederzeit die Begrenzung zum Abbremsen zur Hilfe nehmen kann.

Hat man das Pferd noch nie longiert und kennt es noch nicht so lange, ist es auch angenehm, die ersten Male mit ihm in den Roundpen gehen zu können.

In einer weiteren Ausbildungsstufe nimmt man die Longe zur Hilfe, bevor man die Lektionen nach Art der Freiheitsdressur im Roundpen wie in einer Manege frei ausführen lässt.

VORAUSSETZUNGEN ▸ Will man das Pferd zur Korrektur im Roundpen longieren, sind keine besonderen Voraussetzungen nötig.

Geht es um die Vorarbeit zum freien Longieren, sollten die grundlegenden Lektionen an der Longe auch ohne Begrenzung schon beherrscht werden. Im Folgenden werde ich auf dieses Longieren erst wieder im Zusammenhang mit der freien Arbeit im Roundpen eingehen.

SO GEHT'S ▸ Hier beschreibe ich, wie man sich verhält, wenn man ein Pferd die ersten Male longiert oder es bereits longiert wurde, dabei aber Schwierigkeiten macht. Die Einwirkung unterscheidet sich in diesen beiden Fällen nicht.

Ein Roundpen hat eine massive Einzäunung, die auf das Pferd häufig stärker wirkt als der Mensch in der Mitte, besonders wenn es sich um respektlose Pferde handelt. Die Schwierigkeit besteht dann darin, das Pferd außen auf dem Zirkel-

▶ *Im Roundpen ist darauf zu achten, dass das Pferd nicht nach innen drängelt.*

hufschlag gehen zu lassen und nicht auf einer Spur innen daneben. Die Pferde würden in dem Fall dazu neigen, meist nach außen zu schauen, was nicht wünschenswert ist.

Die Technik unterscheidet sich im Wesentlichen nicht von dem bereits beschriebenen Longieren ohne Roundpen. Ich gehe also nur auf die Besonderheiten ein.

Drängelt das Pferd nach innen, kann man jetzt besonders gut auf das Pferd einwirken, wenn man die Longe in einem geöffneten Winkel führt, sodass man sich leicht vor dem Pferd bewegt. Zusätzlich zeigt man mit der Peitsche auf die Pferdeschulter. Das Pferd kann ja nach außen nicht ausweichen und wird folglich auf dem Hufschlag gehalten. Das gilt auch, wenn man das Pferd etwas bremsen möchte. Dann hält man die Peitsche weiter vorne vor das Pferd.

Im Roundpen kann man die bereits beschriebenen Lektionen wie Volten, Wendungen, Halten, Rückwärts selbstverständlich auch üben.

HAND UND FUSS ▸ Hier kann nur wiederholt werden, was bereits beim Longieren gesagt wurde. Ich möchte nochmals darauf hinweisen, dass die Art, wie und wo man sich bewegt, sehr wichtig ist. Soll das Pferd normal außen auf dem Zirkel laufen, geht man so, dass der Mittelpunkt hinter einem liegt. Auf der linken Hand tritt das rechte Bein um das linke Bein. Anders ist es bei den Volten, dann liegt der Mittelpunkt zwischen Longeur und Pferd.

Die Peitsche wird stets unter der Longe hindurch nach vorne geführt, um mit ihr bremsend zu wirken. So kann man sie am Boden wieder nach hinten führen, ohne unbeabsichtigt treibend zu wirken. In der neutralen Position zeigt sie in Sprunggelenkshöhe kurz hinter das Pferd.

DIE FEINHEITEN ▸ Wie kann man sich helfen, wenn das Pferd ständig nach außen schaut? Besonders bei niedrigen Umzäunungen kann das passieren. Besser geeignet wäre ein hoher Zaun, der das Pferd nicht zum Darüberschauen verleitet. Der Zaun muss allerdings nicht blickdicht sein, darin sehe ich keinen Sinn. Es soll doch gerade geübt werden, das Pferd auf sich zu konzentrieren.

Durch Aufgaben, die man dem Pferd stellt und Zupfen an der Longe, kann man es dazu bringen, wieder nach innen zu schauen. Dabei muss man konsequent ein Schema verfolgen. Ist das Pferd aufmerksam und ein Ohr nach innen gerichtet, hängt die Longe ruhig und stört das Pferd nicht. Sobald das Pferd wegschaut, ruckt man an der Longe, bis man seine Aufmerksamkeit wieder hat. Volten, Halten und Rückwärtsgehen steigern zusätzlich die Aufmerksamkeit.

FEHLERQUELLEN ▸ Man lässt die Longe schleifen. Das Pferd hat nicht die Möglichkeit weiter außen zu gehen, um das zu korrigieren. Man muss also darauf achten, dem Pferd nicht zu nahe zu kommen oder die Longe entsprechend aufnehmen.

▸ Freies Longieren/ Freiheitsdressur

Mit dem Pferd ohne Longe ganz frei arbeiten zu können, ist für viele eine schöne Vorstellung. Die Freiwilligkeit, mit der das Pferd mitmacht, kommt

▶ *Pino wird gerufen. Er kommt mit einem freundlichen und aufmerksamen Gesichtsausdruck.*

hierbei besonders gut zum Ausdruck. Freiheitsdressur ist eine unsinnig klingende Bezeichnung – wie soll man die Freiheit dressieren, aber jeder weiß, was damit gemeint ist.

Zu der Zeit, als ich mich mit der Freiheitsdressur zu beschäftigen begann, gab es über dieses Thema wenig Informationen. Damals habe ich viel von meinem Araber „Lucky" gelernt und musste mir nach dem Prinzip „Versuch und Irrtum" einiges selber beibringen. Zum Glück ist das heute anders und keiner muss mehr alleine dastehen.

SINN UND ZWECK ► Bei dem freien Training ohne die Einwirkung der Longe kann man feststellen, wie genau das Pferd auf die anderen Hilfen wie Körpersprache, Peitsche und Stimme reagiert. Das System muss gut abgestimmt sein, damit es auch ohne feste Verbindung funktioniert. Von dem Pferd wird hohe Aufmerksamkeit und der Wille zur Mitarbeit verlangt.

Der Mensch muss sich dem Pferd verständlich machen und bereit sein, eventuelle Fehler jederzeit auch bei sich zu suchen.

VORAUSSETZUNGEN ► Alle Lektionen, die ohne Longe ausgeführt werden sollen, müssen selbstverständlich mit Longe sicher und problemlos funktionie-

► *So ist es gut: Das aufmerksam nach innen gerichtete Ohr verrät die Bereitschaft zur Mitarbeit.*

ren. Zum Üben sollte ein Roundpen oder, je nach Temperament des Pferdes, zumindest ein mehr oder weniger fest eingezäunter, rundlicher Platz zur Verfügung stehen. Hat das Pferd Spaß an dieser Art von Beschäftigung und macht gut mit, kann man auch auf größeren Plätzen oder in der Halle trainieren, ohne den Kontakt zum Pferd zu verlieren. Es ist schon ein schönes Erlebnis, sein Pferd ohne Longe und enge Begrenzung auf einem Zirkel laufen lassen zu können.

SO GEHT'S ▸ Es folgen einige allgemeine Erklärungen und bei den „Feinheiten" die Erläuterungen für die einzelnen Lektionen.

Prinzipiell gelten alle bei den jeweiligen Lektionen bereits beschriebenen Hilfen, nur fehlt jetzt die Longe.

Man muss also noch genauer auf seine Körpersprache achten. Besonders wichtig ist es auch, den richtigen Zeitpunkt für die Lektionen auszuwählen. So hat es zum Beispiel keinen Zweck, eine freie Volte zu versuchen, wenn das Pferd gerade aufgeregt ist und ständig nach außen guckt.

Mit der Zeit bekommt man ein Gespür dafür, wann eine unsichtbare Verbindung zum Pferd besteht und es aufmerksam unsere Kommandos ausführen wird. Dann ist die Gelegenheit günstig, eine Lektion anzugehen, die sonst noch hin und wieder Schwierigkeiten bereitet.

Bei der Freiheitsdressur lässt sich nichts erzwingen. Macht das Pferd nicht mit, hilft es nur, einen Schritt zurückzugehen und es wieder an die Longe zu nehmen. Man sollte also immer eine Longe in der Nähe haben, um schnell auf sie zurückgreifen zu können. Ist die Longe nicht in der Nähe, kostet es oft zu viel Überwindung, sie zu holen. Man probiert dann erfolglos herum und die Stimmung bei Mensch und Pferd sinkt. Die Korrektur mit der Longe dagegen bringt das Pferd wieder stressfrei auf den richtigen Weg, egal ob es sich um Volten, Wendungen oder den Appell handelt. Um den Übergang zum Weglassen der Longe fließender zu gestalten, kann man zwischendurch eine leichtere Hilfslonge oder ein Seil verwenden.

HAND UND FUSS ▸ Die Peitsche hat man bisher in der rechten Hand geführt. Das erscheint jetzt sinnvoll, da man nun weiter mit der geschickteren rechten Hand agiert und die linke Hand frei hat. Linkshänder könnten sich überlegen, ob sie generell alle Angaben zu linker und rechter Hand umdrehen und damit vielleicht besser zurechtkommen.

Bei seinen Schritten muss man besonders auf die Verständlichkeit achten und darf keine unüberlegten Bewegungen hinzufügen. Ein unüberlegter Schritt nach vorne oder ein unsicheres Schwanken kann den Kontakt zum Pferd stören. Die Longe kann jetzt keine Fehler ausbügeln.

Man behält das Pferd stets im Auge, um immer rechtzeitig korrigieren zu können. Ein kurzer Verlust der Aufmerksamkeit des Pferdes kann zum Misslingen einer Lektion führen. Hätte man es rechtzeitig bemerkt, könnte man die Situation retten, indem man das Pferd anspricht oder die Peitsche bewegt.

DIE FEINHEITEN ▸ An dieser Stelle werde ich ein paar Einzelheiten zu bestimmten Lektionen beschreiben,

► *Mezzos Galopp ist hier sehr schnell. Ich bleibe auf der Stelle und halte die Peitsche gesenkt, um ihn nicht zusätzlich zu treiben.*

während sich der Text bisher allgemein auf alle Lektionen bezog.

► Longieren in allen Gangarten
Das Longieren in den verschiedenen Gangarten birgt keine besonderen Schwierigkeiten. Hört das Pferd beim Durchparieren nicht sofort, kann man das Heben der Peitsche einsetzen. Bereits an der Longe haben wir versucht, sie möglichst wenig zum Durchparieren einzusetzen, wodurch der Verzicht auf sie nicht sehr schwer fällt.

► Halten
Zum Anhalten gibt man das Kommando und hebt, wenn nötig, die Peitsche vor dem Pferd an. Das Pferd kennt die symbolische Bedeutung des Peitschehebens und wird nicht versuchen, nach außen vor ihr wegzulaufen. Versucht es das doch, hat man die Hilfen zu heftig gegeben. Man muss sie also gut dosiert einsetzen.

► Rückwärts
Das Rückwärtsgehen ist nicht ganz so einfach. Es gibt Pferde, die sich nach außen wegdrehen wollen, wenn man die Hilfe zu stark gibt. Schaut das Pferd nach innen, muss man dagegen aufpassen, dass es keine Wendung ausführt. Das Pferd sollte zum Rückwärtsgehen möglichst gerade stehen, um auch gera-

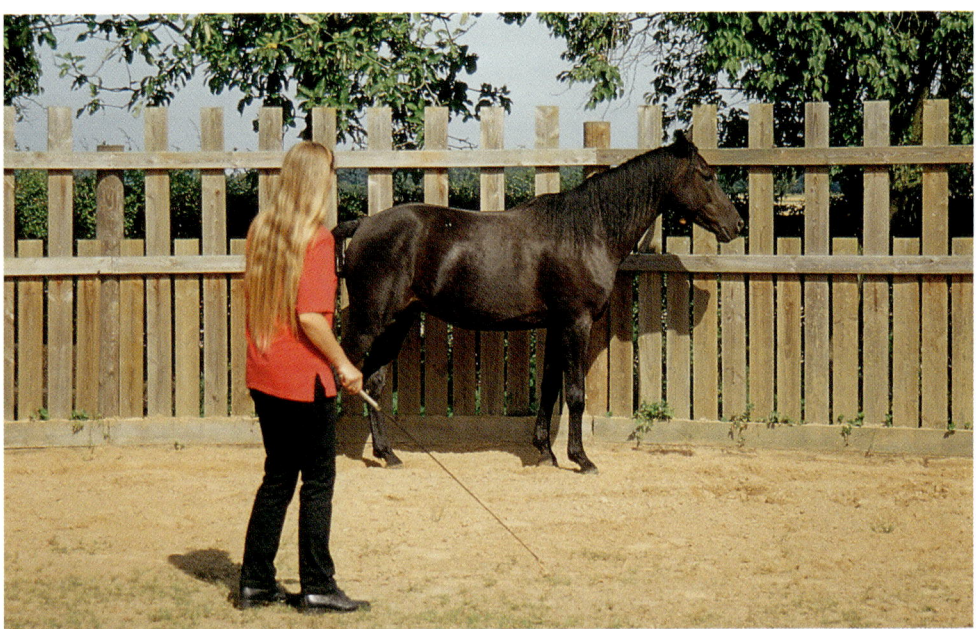

▶ Aufmerksam behält Mezzo mich im Auge. Ich habe nach dem Anhalten die
Peitsche gesenkt.

▶ So sollte es nicht aussehen. Das Pferd hat sich abgewendet und schaut nach außen.

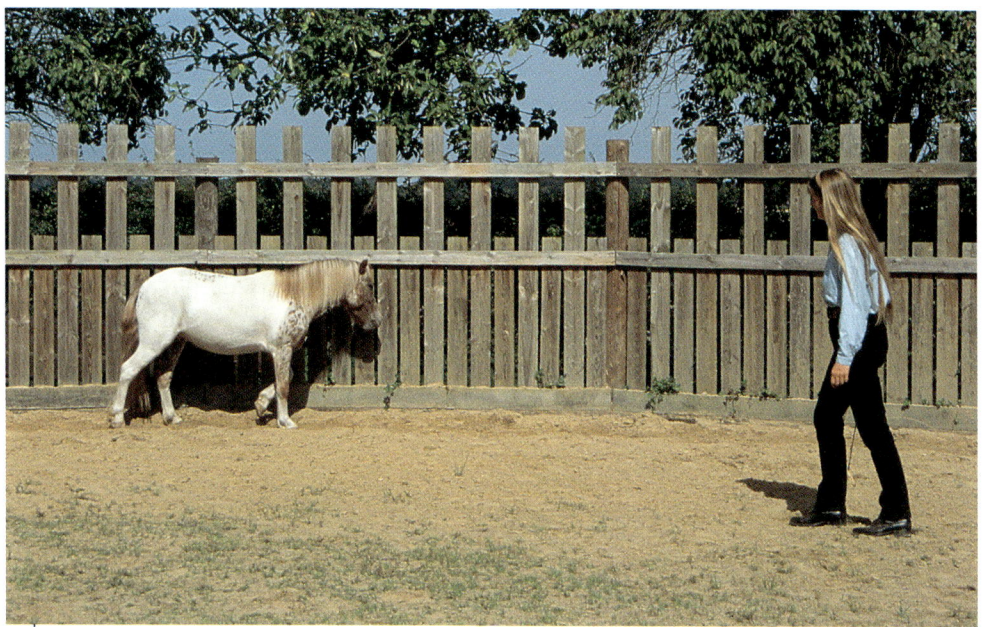

▶ Die Peitsche versperrt den Weg und ich gehe auf Pino zu, damit er rückwärts geht. Er reagiert trotz großer Distanz.

de gehen zu können. Diesen Moment passt man ab, um die Hilfen zu geben.

▶ Appell
Der Appell ist eine Schlüssellektion in der Freiheitsdressur. Das Pferd in jeder Situation zu sich rufen zu können kann eine Lektion retten, wenn sie zu misslingen droht. Läuft es beispielsweise in einer Volte nach außen weg, lässt es sich möglicherweise durch ein „Hier" wieder auf die richtige Bahn lenken. Auch falls das Pferd einmal nicht zur Wendung nach innen schwenken will, kann man die Übung wie den Appell einleiten. Man sollte aber nicht zu oft zu dieser Lösung greifen, damit der Appell nicht verfälscht wird. Alternativ muss die eigentliche Lektion an der Longe erneut gefestigt werden.

Ist das Pferd unaufmerksam, kann man es durch einen Appell wieder auf sich konzentrieren. Wichtig ist dabei, nie die Belohnung zu vergessen, wenn das Pferd zu einem gekommen ist.

Hat das Pferd vor irgendetwas Angst, ruft man es zu sich. Es soll lernen, dass auch wenn es frei ist, der sicherste Platz bei seinem Ausbilder ist. So kann man dem entgegenwirken, dass das Pferd bei vermeintlicher Gefahr weglaufen will.

Bevor man mit dem Appell beginnt, muss er an der Longe so funktionieren, dass man sie eigentlich nicht mehr benötigt. Wenn man das Pferd mit seinem Namen anspricht, sollte es einen anschauen. In dem Moment gibt man das Kommando „Hier" so, als wollte man das Pferd mit dem Wort nach innen ziehen, also lang gezogen und

▶ *Im Roundpen kann man den Appell gut aus dem Trab üben. Man hat dann keine Probleme mit dem Aufnehmen der Longe.*

▶ *Mezzo wird auf den Zirkel geschickt. Dabei soll er auf die rechte Hand gehen, wenn ich rechts von ihm bin, so als hätte ich eine Longe.*

ruhig. Mit ein paar Schritten rückwärts lädt man das Pferd zum Kommen ein.

Ohne Longe lässt sich der Appell auch schön aus dem Trab üben, da man kein Problem mit dem Aufwickeln der Longe bekommt. Voraussetzung ist, dass es im Schritt sicher funktioniert.

Wenn man das Pferd nach dem Appell wieder nach außen schickt, achtet man darauf, dass es zu der Seite abbiegt, auf der man sich selbst befindet. Geht man schräg rechts hinter dem Pferd, muss es auf die rechte Hand gehen, so als wäre es an der Longe.

▸ Volten

Bei dieser Lektion habe ich festgestellt, dass sie sehr unterschiedlich von den Pferden erlernt wird. Unabhängig vom Ausbildungsstand begreifen sie einige Pferde sehr schnell, bei anderen hat man das Gefühl, sie werden sie nie frei ausführen.

Pferde, die sich sehr leicht wegtreiben lassen, biegen nicht so leicht in eine Volte ab. Bei der kleinsten Störung verliert man sie und sie laufen auf dem großen Zirkel weiter. Dafür haben sie in anderen Situationen ihre Vorteile.

Pferde, die sonst gerne nach innen drängeln, gehen häufig sehr willig in die Volte. In der Volte muss man schön gleichmäßig mitgehen und darf nicht zögern. Bleibt man stehen, läuft das Pferd meist nach außen weg.

Nach einer guten Volte empfiehlt es sich, das Pferd hin und wieder anzuhalten und mit einem Leckerli zu belohnen.

Wichtig ist, dass das Pferd gerne nahe bei einem bleiben will, wenn es im Kreis läuft. Das ist jetzt etwas ganz anderes als wenn das Pferd ungezogen nach innen drängeln will.

▸ Wendungen

Die Kunst bei den Wendungen ist, das Pferd nach innen und nicht nach außen drehen zu lassen. Man passt für die Ausführung den Moment ab, in dem das Pferd nach innen schaut, nachdem man das Kommando gesagt hat.

Nur dann kann man mit der Peitsche auf die äußere Seite des Pferdes zeigen und es dadurch zum Wenden veranlassen. Es kann vorkommen, dass das Pferd im Trab aus der Wendung läuft oder einen schnellen Sprung macht, was aber akzeptiert werden kann.

▸ Walzer

Wenn das Pferd an der Longe gelernt hat, aus der Wendung einen Walzer zu entwickeln, wird das auch frei möglich sein. Die erste Hälfte des Walzers kann das Pferd dann bereits. Sie ist die größere Schwierigkeit, weil das Pferd sich nach innen drehen muss. Bei der zweiten Hälfte des Walzers dreht sich das Pferd nach außen, dadurch ist das der einfachere Teil.

Ein Walzer im Galopp sieht rasant aus und trainiert die Wendigkeit des Pferdes.

FEHLERQUELLEN ▸ Die wichtigsten Faktoren bei der Freiheitsdressur sind Geduld und Ruhe kombiniert mit deutlichen Anweisungen.

Wenn etwas nicht klappt, darf man keinen falschen Ehrgeiz entwickeln und muss häufig einen Schritt zurück in der Ausbildung. Man kann darauf hoffen, dass morgen ein besserer Tag sein wird.

Ist man an falscher Stelle zu streng, verliert das Pferd den Antrieb zur freiwilligen Mitarbeit. Dann geht gar nichts mehr.

▶ Pino beginnt eine Volte im Schritt. Da ich hinter ihm bin und ihn angesprochen
habe, schaut er sich zu mir um.

▶ Bei den freien Volten kommt zu Tage, wie deutlich die Körpersprache ist.
Eine falsche Bewegung und das Pferd läuft aus der Volte.

▶ *In der Volte zeigt die Peitsche zur Mitte des Pferdes. Je mehr ich hinter dem Pferd gehe, desto enger wird die Volte.*

▶ *Ich laufe die Volte mit, bis Pino ganz am Hufschlag ist. Ab dann bewege ich mich wieder zum Mittelpunkt des Roundpens.*

▶ Pino läuft die Volte auch im Trab. Bei einigen Pferden ist das sogar leichter als im Schritt.

▶ Deutlich ist zu sehen, wie Pino sich biegt, obwohl er ganz frei ist. Voraussetzung ist, dass die Volte zuerst an der Longe geübt wurde.

Hier kann man erkennen, wie weit man aus der Mitte nach außen gehen muss, um das Pferd zum Abbiegen zu veranlassen.

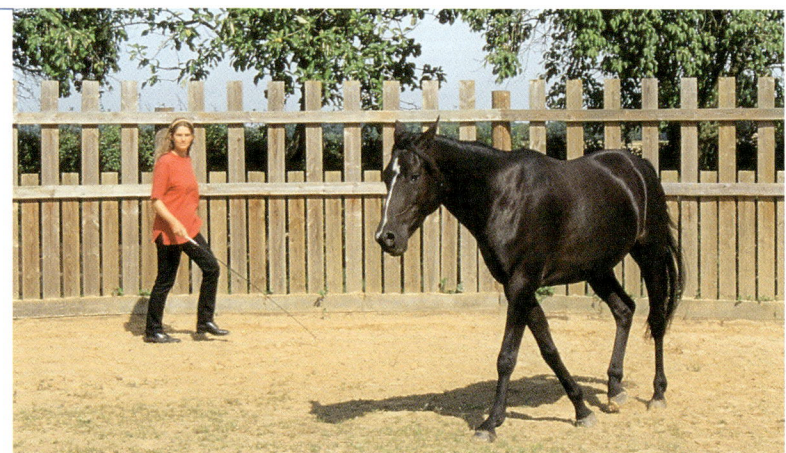

Mezzo hat die freien Volten sehr schnell gelernt, aber das ist nur bei wenigen Pferden der Fall. Also nicht verzweifeln, wenn es länger dauert.

Am Ende einer gelungenen Volte, gebe ich Mezzo ab und zu ein Leckerli, damit er in den Volten gerne bei mir bleibt und nicht nach außen läuft.

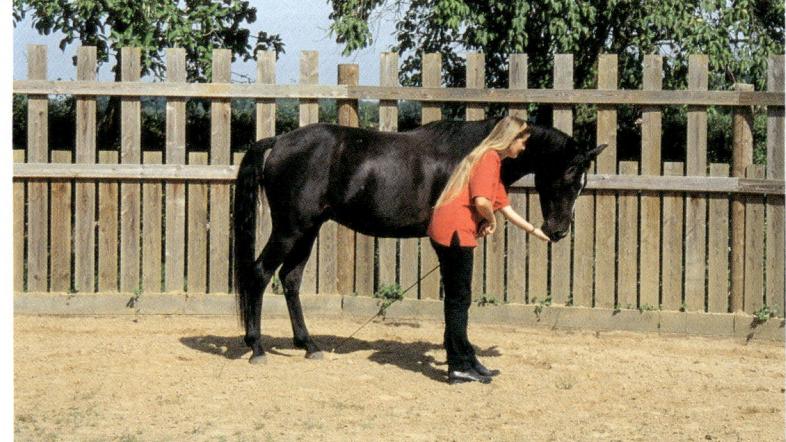

Die Schwierigkeit bei der Wendung ist, das Pferd nach innen drehen zu lassen. Ich habe Mezzo angesprochen, damit er zuerst nach innen schaut.

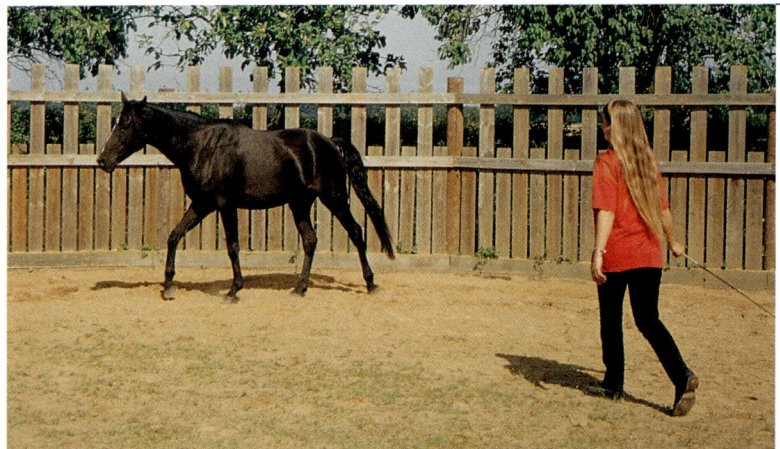

Nachdem die Einleitung funktioniert hat, brauche ich Mezzo nur noch in die neue Richtung zu treiben.

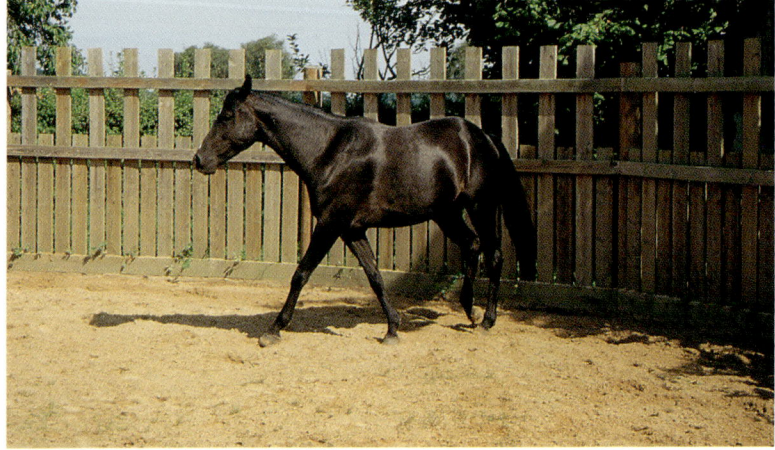

Wendungen fördern die Gelenkigkeit des Pferdes. Die Beweglichkeit der Schultern wird durch das leichte Übertreten verbessert.

▶ Longieren von zwei Pferden

Das Longieren von zwei Pferden gleichzeitig ist eine auflockernde Variante und macht zu zweit außerdem viel Spaß.

SINN UND ZWECK ▶ Man kann das gleichzeitige Longieren von zwei Pferden als Vorstufe zur Freiheitsdressur mit mehreren Pferden sehen. Aber auch ohne weitere Ambitionen zur Freiheitsdressur kann es eine nette Abwechslung bieten. Die Pferde lernen ihre Rangordnungskämpfe zu unterdrücken, wenn der Oberboss „Mensch" gerade das Sagen hat.

Das unerfahrenere Pferd kann von dem weiter ausgebildeten lernen. Ein sicheres Pferd kann auf ein ängstliches Pferd beruhigend wirken, es kann sich allerdings auch von einem nervösen Pferd einmal anstecken lassen.

VORAUSSETZUNGEN ▶ Jedes einzelne Pferd sollte die Grundbegriffe an der Longe beherrschen. Bei der Zusammenstellung achtet man darauf, dass die Pferde im Tempo einigermaßen zusammenpassen.

Anfangs longiert man mit zwei Personen und am besten mit einer Begrenzung wie zum Beispiel im Roundpen.

SO GEHT'S ▶ Wie bereits im Kapitel „Freiheitsdressur" findet man in diesem Abschnitt die allgemeinen Erklärungen und bei den „Feinheiten" Einzelheiten zu den verschiedenen Lektionen.

Man beginnt die ersten Male immer mit zwei Personen. Je nachdem wie gut die zwei Pferde zusammenpassen, kann man mit etwas Übung auch alleine zwei Pferde gleichzeitig longieren.

▶ Mit Susanne gewöhne ich Smartie und Pino an gemeinsames Longieren.

Die beiden Personen klären zunächst, wer die Kommandos gibt. Für das Gelingen ist es wichtig, dass man sich gut abspricht. Man handelt praktisch wie eine Person mit vier Armen und Beinen.

Das ranghöhere Pferd läuft in der Regel an erster Stelle. Eventuell kann

▶ Steht ein Mensch in der Mitte, ist keine Zeit für Rangordnungskämpfe.

▶ *Die beiden Longenführer müssen dicht zusammenbleiben und sich*
möglichst synchron bewegen.

auch die Größe der Pferde entscheidend sein. Es wirkt einfach unpassend, wenn das vordere Pferd viel kleiner als das hintere Pferd ist.

Weiterhin ist es ungünstig, wenn das vordere Pferd viel schneller als das hintere geht und dann auch noch sensibler auf das Treiben mit der Peitsche anspricht. Dann läuft es dem hinteren immer weiter davon, wenn man das hintere treibt.

Letztlich kommt es aber darauf an, die Reihenfolge auszuprobieren und sich dann für die bessere Lösung zu entscheiden.

Kommt es zu Rangeleien unter den Pferden, wenn beispielsweise das hinte-re Pferd dem vorderen in die Hinterbeine zwickt, hilft es, zunächst mit Ausbinden zu trainieren. Wichtig ist, dass das Vorderpferd keine schlechte Laune bekommt, weil es von dem Anderen ständig genervt wird und dann die Geduld verliert, davonrennt oder austritt. Sind die Pferde aneinander gewöhnt und besser diszipliniert, kann man dieses Hilfsmittel auch wieder weglassen.

Der Longenführer des vorderen Pferdes gibt die Kommandos. Jeder hat eine Peitsche. Falls die Peitschen unterschiedlich lange Schläge haben, nimmt der hintere die mit dem längeren Schlag, damit man nicht so leicht auf ihn tritt.

▶ Eike passt auf, dass Nappo im Schritt nicht den Anschluss verliert und zieht
ihn etwas nach innen.

▶ So ist der Abstand zu groß. Nappo muss vorsichtig getrieben werden, damit
nicht auch Amber schneller wird.

Jetzt ist es sehr nützlich, wenn die Pferde auf ihre Namen hören. So ist es möglich, sie gezielt anzusprechen, wenn nur ein Pferd schneller oder langsamer gehen soll.

In diesem Zusammenhang kommen auch zwei neue Kommandos hinzu: Das Kommando „Abstand", auf das das hintere Pferd entweder aufschließen oder ruhiger gehen soll. Je nachdem was nötig ist, treibt der zweite Longenführer oder er bremst. Wenn er mit der Peitsche bremsend einwirkt, muss man aufpassen, dass nun das erste Pferd dadurch nicht getrieben wird. Bei dieser Temporegulierung ist es besonders hilfreich, wenn man mit einer Begrenzung arbeiten kann, damit die Pferde sicher in einer Spur laufen.

Das zweite neue Kommando lautet „An Platz" und bedeutet, dass die Reihenfolge wieder hergestellt werden soll, wenn sie einmal durcheinander gerät. Dabei muss sich das zweite Pferd nach dem Ersten richten. Diese beiden neuen Kommandos kommen erst zum Tragen, wenn man öfter mit zwei Pferden gleichzeitig trainiert, sonst kann man sich auch ohne sie behelfen.

HAND UND FUß ▶ Die beiden Longierer führen die meisten Schritte synchron aus, wobei sich der hintere an der Position des vorderen orientieren muss. Für das zweite Pferd kann das gewöhnungsbedürftig sein, da sich jetzt eine Person weiter vor ihm bewegt als gewohnt. Das vordere Pferd ist meist weniger beeinträchtigt.

Mit der Zeit tritt die zweite Person immer mehr in den Hintergrund. Sie benutzt ihre Peitsche nicht mehr und hält nur noch die Longe, bis sie auch

diese an den ersten Longenführer übergibt. Jetzt bleibt sie nur noch zur Sicherheit mit im Zirkel, um die ärgsten Knoten zu verhindern, bis auch das nicht mehr nötig ist.

Mit zwei Longen und der Peitsche hat man dann alle Hände voll zu tun. Beim Aufwickeln der Longen gibt es zwei Möglichkeiten. Man wickelt sie entweder beide einzeln auf und ab oder beide parallel in den gleichen Schlaufen. Das entscheidet man je nach Übung und Situation. Meistens ist es günstig beide Longen zusammen aufzunehmen.

DIE FEINHEITEN ▶ Bei den einzelnen Lektionen ergeben sich ein paar Besonderheiten, wenn man zwei Pferde zusammen longiert. Sie werden jetzt an dieser Stelle beschrieben. Alle Lektionen übt man am besten erst mit zwei Longeuren, bevor man sich alleine an sie heranwagt.

▶ Alle Gangarten
Der Schritt mit zwei Pferden gleichzeitig ist nicht einfach, wenn die Pferde nicht gleich schnell sind. Treibt man eines, passiert es häufig, dass es antraben will. Daraufhin trabt das Zweite auch an und man muss wieder von neuem beginnen. Zur Gewöhnung kann man das zweite, langsamere Pferd auf einen etwas kleineren Zirkel nehmen, damit es besser mithalten kann. Mit der Zeit lässt man seine Longe wieder lockerer und den Zirkel größer werden. Hat es sich daran gewöhnt, hinter dem anderen Pferd zu gehen, wird es versuchen, das Tempo zu halten.

Im Trab lassen sich zwei Pferde meist gut auf ein gemeinsames Tempo einstellen.

▶ Im Trab ist es am einfachsten, zwei Pferde auf ein gemeinsames Tempo einzustellen. Hier laufen sie an der langen Seite geradeaus.

▶ *Im Galopp darf der Abstand etwas größer sein, bis die Pferde sich daran gewöhnt haben. Gut zu beobachten sind die synchronen Bewegungen.*

▶ *Ein Pferd vorweg kann helfen, das ungeübtere im Galopp zu halten. Wir konzentrieren uns auf Nappo, damit er nicht den Anschluss verliert.*

▶ Beim Üben des gemeinsamen Anhaltens muss zunächst jeder seinem Pferd
einzeln die Hilfen geben. So ist die Situation günstig zum Rückwärtsgehen.

▶ Amber ist irritiert von Eike, die hinter ihr agiert. Nappo kennnt die Hilfe
von weiter vorne und zögert, übliche Schwierigkeiten bei zwei Pferden.

Smartie und Pino warten geduldig auf die Belohnung. Zum Appell sollen die Pferde nebeneinander stehen, ohne zu drängeln.

Größenunterschiede fallen nicht so ins Gewicht wie im Schritt. Der Trab ist die Gangart, in der man am besten üben kann.

Der Galopp mit zwei Pferden verläuft manchmal recht rasant, wenn die Pferde sich gegenseitig anheizen. Diesen Effekt kann man aber auch nutzen, falls das zweite Pferd eher faul ist und alleine schwer im Galopp zu halten. Es kann sich dann an dem vorderen Pferd orientieren.

▶ Halten

Man beginnt das Anhalten an einer Stelle zu üben, wo beide Pferde an einer Begrenzung stehen. So kann man am besten auf jedes Pferd einwirken und das zweite Pferd daran hindern, zu dicht aufzulaufen.

▶ Rückwärts

Das Problem beim Rückwärtsrichten besteht darin, dass die Hilfe für das zweite Pferd das vordere Pferd treiben kann. Um die Pferde daran zu gewöhnen, vergrößert man den Abstand zwischen den Pferden.

▶ Appell

Beide Pferde sollen auf den gleichen Abstand an den Ausbilder herantreten und ruhig nebeneinander stehen.

Man sollte sich angewöhnen, nur das Kommando „Hier" zu verwenden und die Namen wegzulassen, wenn beide Pferde kommen sollen. Eine schwierige Übung ist, ein einzelnes Pferd mit seinem Namen herbeizurufen, während das andere weiterläuft. Dann geht das Training weit über das bloße Bewegen von zwei Pferden hinaus und stellt zusätzliche Anforderungen an die Auffassungsgabe der Pferde.

▶ Volten

Bei den Volten kommt es darauf an, dass sie bei beiden Pferden gleich groß werden. Läuft das hintere Pferd allerdings in den Volten langsamer als das vordere, nimmt man seine Longe kürzer und lässt es eine kleinere Volte gehen, damit der Tempounterschied ausgeglichen wird. Läuft das hintere Pferd eher schneller, lässt man seinen Kopf außen an dem vorderen Pferd vorbei. Wenn man jetzt die Longe etwas annimmt, wird es gebremst, kann aber nicht nach innen laufen. Würde es innen an dem Vorderpferd vorbeilaufen und man will es dann mit der Peitsche bremsen oder nach außen treiben, geht auch das Vorderpferd mehr nach außen oder wird schneller und die Volte wird hektisch und zu groß.

▶ Handwechsel

Longiert man zu zweit, bietet sich der Handwechsel mittels einer Kehrtwendung nicht an, da sich dadurch die Reihenfolge umdrehen würde. Stattdessen lässt man die Pferde zum Appell in die Mitte kommen und schickt sie dann auf der anderen Hand wieder nach außen. Dabei muss der Longenführer des zweiten Pferdes zwischen den Pferden hindurch gehen.

Longiert man alleine die zwei Pferde, muss man die Longe des hinteren Pferdes dem vorderen Pferd über den Rücken legen, wenn die beiden nach dem Appell nebeneinander stehen. Schauen wir uns den Handwechsel von links nach rechts an. Pferd 1 geht vorne, Pferd 2 hinten. Die Pferde kommen nebeneinander in die Mitte, Pferd 1 steht rechts von Pferd 2 (von vorne gesehen also links). Der Ausbil-

Eine Linksvolte mit zwei Pferden beginnt. Wir bewegen uns als eine Einheit, die Pferde reagieren wie gewohnt.

Ambers Longe gerät auf Zug, da ich nicht so weit hinter ihr gehen kann, als wenn wir alleine wären.

Die Volte kommt zu einem guten Ende. Nappo ist korrekt hinter Amber gegangen.

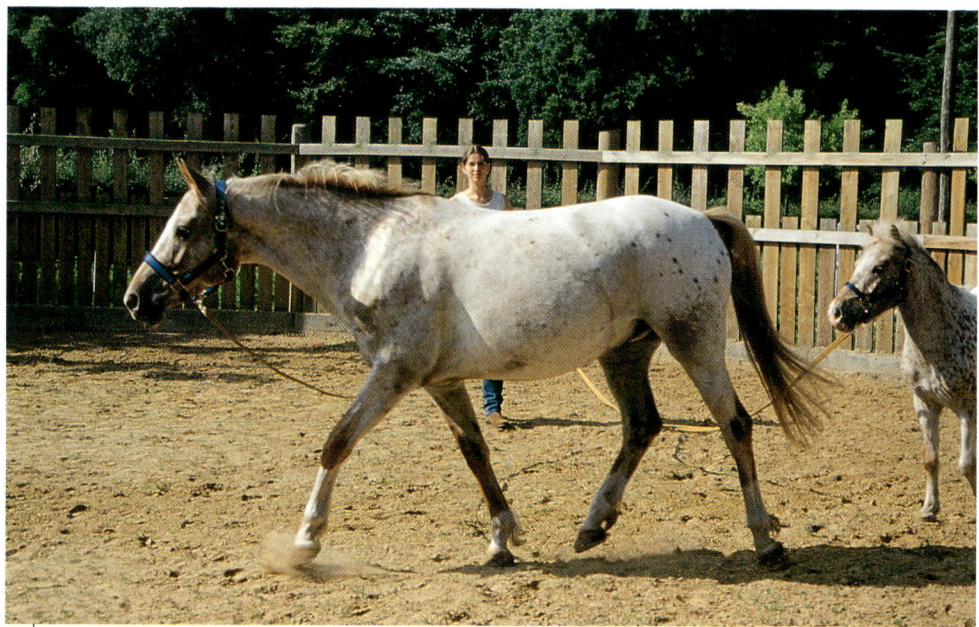

▶ Hat man die Volten zu zweit geübt, kann man sich alleine daran wagen.
Wer ein Shettie als Gesellschafter hat, kann es so mitbeschäftigen.

▶ Pino geht etwas schnell. Ich lasse die Longe locker, damit er die Volte
größer machen kann und nicht innen an Smartie vorbeiläuft.

▶ Bei dem Handwechsel mit zwei Pferden müssen sie erst nach innen
kommen. Die Kehrtwendung eignet sich nicht.

▶ Die Pferde werden belohnt und die Longen sortiert. Jetzt kann man
die Pferde auf die linke Hand schicken, ohne dass sie die Reihenfolge ändern.

▶ Eike muss zwischen den Pferden durch gehen. Nach Absprache schicken
wir sie auf den Weg.

▶ Wir lassen die Longe lang. Eike zeigt mit der Peitsche nach vorne, damit
Nappo hinter Amber bleibt, während er nach außen geht.

der macht den Weg frei und tritt auf die rechte Seite von Pferd 1. Jetzt muss die Longe von Pferd 2 über den Kopf von Pferd 1 gehoben werden, damit sie ihm nicht vor der Brust hängt, wenn die Pferde auf die rechte Hand nach außen laufen.

Später bei der Freiheitsdressur ohne Longen kann daraus ein fließendes Wechseln durch den Zirkel werden.

▶ **Walzer**
Walzer mit zwei Pferden an der Longe sind zu kompliziert. Man sollte warten, bis die Pferde die Lektion auch frei ohne Longe beherrschen. Schafft man das, kann man schon stolz auf diese zirkusreife Leistung sein.

FEHLERQUELLEN ▶ Das Vorderpferd wird mit der Zeit aggressiver gegen das hintere Pferd. Vielleicht hat man nicht genug aufgepasst, und das hintere Pferd hat oft nach dem vorderen Pferd geschnappt oder ist ihm sogar in die Hacken getreten. Lässt sich das Pferd nicht so korrigieren, dass ein ausreichender Abstand entsteht, sollte man es übergangsweise ausbinden. So kann es nicht beißen und nicht so dicht auflaufen, da es den Kopf gerade hinter dem anderen Pferd halten muss.

Das vordere Pferd läuft dem hinteren Pferd davon. Wahrscheinlich reagiert es stärker auf treibende Hilfen. In diesem Fall sollte man die umgekehrte Reihenfolge ausprobieren.

Es fühlen sich immer beide Pferde angesprochen. Mit jedem Pferd muss man dann nochmals einzeln üben, auf ihren Namen zu hören. Dafür eignet sich gut der Appell. Auch das einzelne Anhalten der Pferde ist eine gute Übung. Dafür sollte man anfangs unbedingt zu zweit trainieren.

▶ Doppellonge

Die Ausbildung an der Doppellonge ist ein umfassendes Thema, mit dem allein man ganze Bücher füllen kann. Ein Buchtipp für diejenigen, die das Thema vertiefen möchten, lautet „Hohe Schule mit der Doppellonge" von Philippe Karl. Es gibt aber auch noch andere Methoden als dort beschrieben, wie man mit der Doppellonge umgehen kann.

Ich werde eine kleine Einführung geben, die ausreicht, um zur Abwechslung das Training an der Doppellonge in die Ausbildung mit einbeziehen zu können.

SINN UND ZWECK ▶ Die Arbeit an der Doppellonge kann je nach Ausbildungsstand des Pferdes verschiedene Aufgaben erfüllen.

Mit jungen und wenig gerittenen Pferden kann man an der Doppellonge den Grundgehorsam vertiefen. Das Pferd muss ein bestimmtes Tempo auf einem vorgegebenen Weg laufen. Dabei wird es noch von dem Reitergewicht verschont. Es lernt auf das Gebiss zu reagieren und sich zu biegen, ohne seinen Schwung zu verlieren. Das Pferd gewöhnt sich daran, dass Gebiss zu spüren, ohne gebremst zu laufen. Die Hinterhand des Pferdes kann auch ohne Reiter gekräftigt werden.

Die Ausbildung wird also zusätzlich zum Reiten mit einer weiteren Methode ergänzt.

Etwas anderes ist es, wenn man bereits erlernte Lektionen nun auch an der Doppellonge ausführen möchte. Das

▶ *Amber geht an der Doppellonge rückwärts. Ich brauche die Longe nicht anzunehmen, da Amber auf die Peitschenhilfe reagiert.*

▶ *Wenn ein Pferd sich so kraftvoll abdrückt, ist das ein gutes Training für die Hinterhand und eine schöne Ergänzung zum Reiten.*

Aufmerksam und willig geht Amber in guter Haltung mit leichter Innen-
stellung an der Doppellonge.

kann schwieriger sein als unter dem Sattel, da die Einwirkungsmöglichkeiten
verändert sind. Dabei kann es sich um
die Seitengänge oder auch stärker ver-
sammelnde Lektionen wie Piaffe und
Passage handeln.

Ein weiterer Aspekt der Arbeit mit
der Doppellonge ist die Möglichkeit, bei
durch den Reiter verdorbenen Pferden
einen neuen Zugang zu finden. Wenn
sie beispielsweise Rückenschmerzen
hatten und Reiten automatisch mit Ver-
spannung verbinden, kann die Doppellonge eine Lösung sein.

Denkbar ist aber auch, dass der Reiter Angst hat, sein Pferd zu reiten und er
so die Gelegenheit bekommt, sich angst-
frei mit seinem Pferd zu beschäftigen.

Weiterhin wird die Doppellonge
häufig vorbereitend vor dem Einfahren
genutzt.

VORAUSSETZUNGEN ▶ Man benötigt
eine Doppellonge. An jedem Ende besteht sie aus einem 1,50 Meter langem
Seil mit einem Haken, das gut durch die
Ringe des Gurtes gleitet. Die Länge der
Longe ermöglicht einen Abstand von 6
bis 7 Metern zum Pferd. Die Haken dürfen nicht zu groß sein, damit sie durch
die Ringe des Gurtes passen. Als Gurt
eignet sich am besten ein Longiergurt,
der auf beiden Seiten zu verstellen ist,
damit die Ringe symmetrisch sitzen. Es

gibt stabilere aus Leder und einfache aus Nylon. Wofür man sich entscheidet, hängt davon ab, wie häufig man die Doppellonge nutzt. Man kann seine gewohnte Peitsche verwenden oder eine mit einem etwas kürzeren Schlag.

Von dem Ausbilder wird Geschick im Umgang mit der Longe erwartet. Zumindest das Longieren mit der einfachen Longe sollte ihm keine Probleme mehr bereiten. Das Pferd sollte ebenfalls die Grundbegriffe an der Longe kennen.

Um selber das Hantieren mit der Doppellonge zu üben, kann man mit einem Kappzaum beginnen. Auf diese Weise wird das Pferdemaul geschont. Viele Pferde legen sich allerdings auf den Kappzaum und lassen sich damit nicht gut biegen. Außerdem möchte man die richtigen Reaktionen auf das Gebiss trainieren.

Als Gebiss eignet sich gut eine so genannte Knebeltrense, deren seitliche Holme ein Rutschen durch das Maul verhindern und die auch von außen auf das Maul wirken. Die Pferde reagieren dann williger, als wenn sie nur innen den Zug spüren. Voraussetzung für die Doppellonge ist selbstverständlich, dass das Pferd die Einwirkung der Trense grundsätzlich bereits versteht.

Bei sehr heftigen Pferden rate ich dem Ungeübten von dem Training an der Doppellonge ab, weil es auf Kosten des Pferdemauls gehen könnte.

SO GEHT'S ▶ Im Folgenden wird das Vorgehen in der Phase beschrieben, in der die Doppellonge die Ausbildung des jungen Pferdes unterstützen kann. Das Pferd ist auf Trense gezäumt. An die Doppellonge gewöhnt man das Pferd am besten in der V-Verschnallung, bei der die innere Longe von der Hand durch den Trensenring und dann zum Gurt verläuft. Die äußere Longe verläuft umgekehrt, über den Rücken, durch den Ring am Gurt und dann zum Gebiss.

Innen wählt man einen der oberen Ringe am Gurt, außen benutzt man einen Ring tiefer. So entspricht die Verschnallung der Reiterhand, die normalerweise auf gebogenen Linien außen tiefer als innen gehalten wird.

Die V-Verschnallung ermöglicht innen ein weiches Annehmen und wird von den Pferden anfangs meist besser verstanden.

Später hakt man beide Longenenden am Gebiss ein und zieht sie an dem Longiergurt durch Ringe von gleicher Höhe. Erst dann sind Handwechsel möglich, ohne die Longe umzuschnallen. Bei dieser Longenführung lässt man die äußere Longe über den Rücken laufen. Das hat den Vorteil, dass die Longe sehr ruhig liegt. Man kann das Pferd später auch daran gewöhnen, die um die Hinterhand hängende Longe zu akzeptieren. So wird ein Ausbrechen der Hinterbeine begrenzt, zu dem es allerdings bei korrektem Longieren selten kommt. Weitere gute Effekte dieser Longenführung sind das Anregen zum Untertreten und die Gewöhnung an die Berührungen mit der Longe. Der Nachteil ist die starke Bewegung der Longe durch die Hinterbeine. Ich würde deshalb diese Longenführung nur in einzelnen Fällen einsetzen.

An der Doppellonge baut man sein Training ähnlich auf wie an der einfachen Longe. Man muss nur die Lektionen weglassen, bei denen sich das Pferd in der Longe verwickeln würde, wie die Kehrtwendung und den Walzer. An der

▶ So verläuft die Longe auf der Innenseite bei der V-Verschnallung. Die Wirkung der Longe wird so zur Gewöhnung besser angenommen.

▶ Der Verlauf der Longe auf der Außenseite. Das erste Stück der Longe besteht aus rundem Seil. Es gleitet besser durch die Ringe.

Doppellonge verzichtet man besser auf den Appell, um Missverständnisse zu vermeiden.

HAND UND FUSS ▸ Man kann die Longe in einer oder in zwei Händen führen. Das hängt von der Lektion und von dem Verhalten des Pferdes ab. Geht das Pferd schon auf recht leichte Hilfen, bevorzuge ich bei den meisten Lektionen die feinere einhändige Longenführung. Dabei trennt der Zeigefinger der linken Hand die beiden Longen. Die innere Longe verläuft oben. Die Peitsche hält man in der rechten Hand. Will man eine Longe nachgeben, lässt man sie einfach durch die Finger gleiten. Die obere Longe kann man durch geschickte Fin-

gerarbeit mit Daumen und Zeigefinger auch wieder nachfassen. Bei der unteren Longe ist es leichter, wenn man mit der rechten Hand nachhilft, indem man sie durch die Finger zieht.

Hat man die Longen in einer Hand, kann man in vielen Fällen so wie mit einer einfachen Longe hantieren. Bei der Rechtsvolte greift man zum Beispiel mit der rechten Hand zum Nachfassen zusätzlich an beide Longen als wären sie eine. Besonders bei der V-Verschnallung wird jetzt durch die veränderte Longierposition, die in der Volte weiter hinten liegt, die vordere Longe mehr angenommen und biegt das Pferd.

Wie der Reiter mit dem Zügel kann man auch mit den Longen leicht spielen

▸ Bei der einhändigen Führung teilt der Zeigefinger die Longe.

▸ Einige Situationen erfordern, dass auch die rechte Hand eine Longe hält.

Für die Volte greife ich mit der rechten Hand beide Longen als wären sie eine, um sie mit der linken Hand nachfassen zu können.

Da ich mich in der Volte weiter hinter Amber befinde, wird die innere Longe bei der V-Verschnallung automatisch mehr verkürzt.

Man bewegt sich genauso, als hätte man das Pferd nur an der einfachen Longe. Unnötiges Ziehen an den Longen sollte vermieden werden.

und das Pferd zum Kauen anregen. Das Verschieben des Zirkels ist eine wichtige Übung für den Umgang mit der Doppellonge.

Hierbei führt man sie besser in zwei Händen. Die linke Hand hält zusätzlich die verbleibenden Schlaufen, die rechte Hand die Peitsche. Nun lässt man das Pferd nicht mehr nur durch Körpersprache, sondern auch durch den Gebrauch der äußeren Longe geradeaus gehen. Hat man vor, den Zirkel zu verschieben, muss man zu Beginn der langen Seite vermehrt Kontakt an der äußeren Longe herstellen. Beginnt man damit erst, wenn das Pferd geradeaus gehen soll, entsteht meist ein Schlenker nach innen. Damit das Pferd nicht auf den Zirkel abbiegt, versucht man, die äußere Longe mit einem leichten Vibrieren anzunehmen. Soll das Pferd wieder abbiegen, gibt man außen nach und bleibt stehen, nachdem man vorher parallel zum Pferd mitgegangen ist. Dieser Einsatz der äußeren Longe ist eine wichtige Parallele zum äußeren Zügel.

Verschnallt man die Longe auf beiden Seiten parallel, ist das Hantieren mit den beiden Longen etwas schwieriger, da sie nun dichter nebeneinander verlaufen. Sie können sich umeinander wickeln, wenn sie in Schwingung geraten. Bei der V-Verschnallung konnte man schon durch das Verschieben der Hand nach links oder rechts eine Wirkung erzielen. Dieser Effekt ist jetzt geringer und man muss mehr umgreifen.

DIE FEINHEITEN ▸ Beim Aufnehmen der Longe achtet man darauf, dass das Longenende sich nicht oben in der Hand befindet, sondern herunterhängt. Die Longe liegt dann besser in der Hand. Gute Longen haben an dieser Umschlagstelle einen Wirbel, sodass sich die Longe immer wieder ausdrehen kann, wenn sie verdreht wurde.

Je nach Reitstil wird mit verschiedener Anlehnung geritten. Darauf kann man auch an der Doppellonge eingehen. Ich bevorzuge eine möglichst leichte Anlehnung. Entsprechend kann die Doppellonge in einigen Situationen durchhängen, weil schon das Gewicht der Longen eine Wirkung hervorruft.

Macht das Pferd Probleme auf der richtigen Hand anzugaloppieren, kann man mit der Doppellonge eine wichtige Hilfe geben und zwar ein kurzes Zupfen an der äußeren Longe. Dadurch wird das äußere Beinpaar zurückgehalten und das Pferd springt mit der inneren freien Seite vor, sodass es im richtigen Galopp landet.

Man kann an der Doppellonge auch über Cavalettis longieren. Dann hat man noch bessere Möglichkeiten, Tempo und Richtung zu bestimmen als an der einfachen Longe. Außerdem gewöhnt das Pferd sich daran, auch bei leichtem Kontakt zum Gebiss schwungvoll zu traben. Bei kleinen Sprüngen im Galopp über die Cavalettis muss man gut aufpassen, dass man nicht am Gebiss ruckt.

FEHLERQUELLEN ▸ Ein häufiger Fehler ist das fehlende Umdenken von der einfachen zur Doppellonge. Während man bei der einfachen Longe auf das Pferd zugehen muss, um es nach außen zu schicken, kann man sich jetzt der äußeren Longe bedienen. Dann darf man dem Pferd nicht näher kommen, sonst kann man die Longe nicht annehmen.

Meine Positionsän-
derung genügt, um
Amber an lockerer
Longe in eine Trab-
volte abbiegen zu
lassen.

Am Ende der Volte
kann ich mit der
rechten Hand los-
lassen und habe
dann wieder die
passende Longen-
länge für den Zir-
kel.

Die Volte ist been-
det. Ich gehe wie-
der mehr nach
links zur Zirkelmit-
te, damit Amber
nach außen läuft.

▶ *Amber soll sich strecken können. Ich gebe die Longen betont nach und treibe etwas mehr vorwärts.*

▶ Läuft einem das Pferd nach außen weg, muss man schnell die äußere Longe nachgeben. Zieht man an beiden Longen, um das Pferd zu halten, verschlimmert man die Situation, weil das Pferd die Richtung nicht ändert.

▶ Das größte Problem bei der Doppellonge ist sicher das Hantieren mit Longen und Peitsche, ohne das Pferd im Maul zu stören. Da hilft nur Übung.

▶ *Bereits in der Ecke nehme ich die äußere Longe an, damit Amber gleich
an der langen Seite geradeaus läuft.*

▶ *Die äußere Longe steht an, um Amber gerade zu halten. Lange Seiten
bieten sich für Trabverstärkungen an der Doppellonge an.*

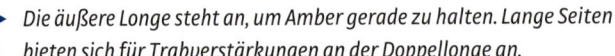

Galopp verlangt man an der Doppellonge erst, wenn alles andere reibungslos funktioniert.

Zum Schluss

Longieren ist doch ganz einfach... Oder doch nicht? Oder etwa doch?

So oder so ähnlich könnte es dem Leser gegangen sein, als er sich mit diesem Buch beschäftigt hat. Die Meinung „Longieren kann doch jeder" ist wahrscheinlich weit verbreitet. Sicher ist jeder in der Lage, ein Pferd um sich herum laufen zu lassen, aber was bringt das? Eher wenig. Es kann sogar schaden.

Außerdem ist es langweilig für Pferd und Mensch.

Besser sollte es heißen „Longieren lernen kann doch jeder". Mit den richtigen Tipps, der Anleitung zu geschickten Handgriffen und pfiffigen Ideen lässt sich das Longieren sehr vielseitig und spaßbringend gestalten. So wird Longieren zu einem Thema, das einen während der ganzen Pferdeausbildung begleiten kann, ohne langweilig zu werden.

Ich freue mich, dass Sie dem Longieren eine Chance gegeben haben und dieses Buch gelesen haben.

Zum Schluss noch ein Tipp: Vergessen Sie nicht zu reiten.

Glossar

ANLONGIEREN ▶ Bis ein Pferd verstanden hat, dass es sich im Kreis in bestimmten Gangarten um den Ausbilder bewegen soll, wird von Anlongieren gesprochen.

APPELL ▶ Das Pferd kommt auf Zuruf beim Longieren nach innen in den Zirkel und bleibt vor dem Ausbilder stehen.

ARBEITSHAND ▶ Die Hand, mit der man die Longe in Schlaufen aufnimmt, dient als Arbeitshand im Gegensatz zur Führungshand.

AUßENGALOPP ▶ Man unterscheidet Links– und Rechtsgalopp. Geht das Pferd auf der linken Hand im Rechtsgalopp, spricht man von Außengalopp.

AUßENSTELLUNG ▶ Das Pferd biegt sich und schaut nach links, obwohl es sich in einer Rechtskurve befindet.

DOPPELLONGE ▶ Diese Longe wird innen und außen in einen Kappzaum oder eine Trense eingehakt. Sie kann auf verschiedene Weise durch die Ringe eines Longiergurtes laufen. Das Pferd bewegt sich auf dem Zirkel oder in der ganzen Bahn um den Longierer herum. Die Arbeit an der Doppellonge ist nicht zu verwechseln mit dem Fahren vom Boden oder der „Arbeit am langen Zügel".

FREIHEITSDRESSUR ▶ Ein widersprüchlicher Begriff – Freiheit und Dressur. Gemeint ist das freie Training ohne Longe in einer Manege oder Ähnlichem, bei dem ein oder mehrere Pferde bestimmte Bahnfiguren laufen. Zirkuslektionen können das Programm ergänzcn.

FÜHRKETTE ▶ Man benutzt eine Führkette bei Pferden, die nicht sensibel genug auf ein Halfter reagieren. Sie besteht aus einer Kette und einem Gurtband oder Strick. Das Kettenteil muss so lang sein, dass es gut einmal um die Pferdenase herum reicht.

FÜHRUNGSHAND ▶ Durch diese Hand läuft die Longe nur hindurch, wenn man mit beiden Händen arbeitet. Sie dient als Führung für die Longe. Es ist dann immer die Hand, die näher zum Pferd die Longe anfasst.

GEDACHTER MITTELPUNKT ▶ Sobald das Pferd auf einem Bogen um einen herum läuft, gibt es einen Mittelpunkt des dazugehörigen Kreises.

HANDWECHSEL ▶ Damit sind nicht die Hände gemeint, sondern wie beim Reiten bezeichnet man so einen Richtungswechsel.

HINTERE HAND ▶ Geht das Pferd auf der linken Hand an der Longe, ist die rechte Hand des Longenführers die hintere Hand.

JOIN UP ▸   Der „Pferdeflüsterer" Monty Roberts hat diesen Begriff geprägt. Das Pferd wird in einem Round Pen so lange im Kreis getrieben, bis es kaut und leckt und den Kopf senkt. Dann ist es bereit auf den Menschen einzugehen und man kann sein Vertrauen und seinen Respekt gewinnen.

KNEBELTRENSE ▸   Bei diesem Gebiss sitzt zwischen dem Mundstück und dem Trensenring ein ungefähr 10 cm langer Holm, der das seitliche Durchrutschen des Gebisses verhindert. Das Gebiss eignet sich gut für junge Pferde, da sie durch den Druck des „Knebels" auf die Außenseite leichter nach innen nachgeben.

KREUZGALOPP ▸   Das Pferd geht vorne einen anderen Galopp als hinten. Dabei gibt es zwei Möglichkeiten: Meist springen die Pferde vorne richtig an und hinten in den Außengalopp, es ist aber auch andersherum möglich.

PEITSCHENSCHLAG ▸   Der bewegliche Teil der Peitsche heißt Schlag. Bei guten Peitschen ist er aus Leder gefertigt, bei einfachen Peitschen besteht er aus Kunststoff. Am Ende eines Lederschlags sollte sich ein dünnes Nylonbändchen befinden, der so genannte „Schmitz". Er begünstigt den glatten Lauf des Schlages.

ROUNDPEN ▸   Ein eingezäunter Zirkel wird so bezeichnet. Der Zaun sollte so hoch sein, dass das Pferd nicht darüber schauen kann, er muss aber nicht blickdicht sein. Gerne wird ein Round Pen von Westernreitern bei der Jungpferdeausbildung genutzt.

SCHWEBEPHASE ▸   Im Trab und im Galopp gibt es einen Moment, in dem alle vier Beine des Pferdes in der Luft sind.

TOUCHIEREN ▸   Eine leichte Berührung mit der Gerte oder Peitsche ist eine Touchierhilfe.

TRAIL ▸   Der Begriff stammt aus dem Westernreiten. Gemeint ist ein Parcours mit verschiedenen Geschicklichkeits- und Gehorsamshindernissen, wie beispielsweise Plastikplanen, Holzstege und Stangenlabyrinthe.

VORDERE HAND ▸   Geht das Pferd auf der linken Hand an der Longe, ist die linke Hand des Longenführers die vordere Hand.

Zum Weiterlesen

BECKER, HORST: Von der Freiheitsdressur zur Hohen Schule; Von der Kunst der Longen- und Doppellongenarbeit, Lüneburg 1996

KARL, PHILIPPE: Hohe Schule mit der Doppellonge, München 2002

KRÄMER, MONIKA: Pferde erfolgreich motivieren; Das 8-Punkte-Programm, Stuttgart 1998

PENQUITT, CLAUS: Die neue Freizeitreiter-Akademie, Stuttgart 2001

PENQUITT, NATHALIE: Nathalie Penquitts Pferdeschule; Zauber der Verständigung, Stuttgart 1996

PENQUITT, NATHALIE: Erste Schritte unter dem Sattel; Junge Pferde selber ausbilden, Stuttgart 1999

RASHID, MARK: Der auf die Pferde hört; Erfahrungen eines Horseman aus Colorado, Stuttgart 1999

SCHMID-NEUHAUS, ANGELIKA: Das große Fitnessprogramm für Pferde; Die drei Elemente zum Erfolg: Massage, gelöstes Reiten, Sattelcheck, Stuttgart 2000

SCHWAIGER, SUSANNE E.: Der Weg mit Pferden – Ein Weg zu mir; Das Pferd als Persönlichkeitstrainer, Stuttgart 2000

SCHWAIGER, SUSANNE E.: Persönlichkeitstraining mit Pferden; Das Praxisbuch, Stuttgart 2001

TELLINGTON-JONES, LINDA: Die Persönlichkeit Ihres Pferdes; Die Kunst, Charakter und Temperament Ihres Pferdes zu bestimmen und positiv zu beeinflussen, Stuttgart 1995

TELLINGTON-JONES, LINDA: Die Linda Tellington-Jones Reitschule; Mehr Spaß und Erfolg mit TTEAM und TTouch, Stuttgart 1996

TELLINGTON-JONES, LINDA: Der neue Weg im Umgang mit Tieren; Die Tellington TTouch Methode, Stuttgart 1993

TELLINGTON-JONES: TTouch und TTeam für Pferde; Der sanfte Weg zu Gesundheit, Leistung, Wohlbefinden, Stuttgart 2002

Videos

HINRICHS, RICHARD: Pferde schulen an der Hand, Stuttgart 1998

HINRICHS, RICHARD: Reiten mit feinen Hilfen, Stuttgart 2000

KREINBERG, PETER: Horsemanship Training, Grundausbildung des Western- und Freizeitpferdes, Stuttgart 2000

PENQUITT, CLAUS: Die Freizeitreiter Akademie Teil 1 bis 3, Stuttgart 1994–1996

PENQUITT, NATHALIE: Nathalie Penquitts Pferdeschule, Stuttgart 1997

TELLINGTON-JONES, LINDA: Reiten nach der TTEAM-Methode, Stuttgart 1999

TELLINGTON-JONES, LINDA: TTEAM-Bodenarbeit, Stuttgart 2000

TELLINGTON-JONES, LINDA: Die Persönlichkeit Ihres Pferdes, Stuttgart 2000

Nützliche Adressen

Nathalie Penquitts Pferdeschule
Hohenholzer Weg 36
D – 27305 Engeln-Scholen
Tel. 0 42 53-80 18 08
Fax 0 42 53- 80 18 09
e-mail: info@penquitt.de
Internet: www.penquitt.de

Freizeitreiter-Akademie Hiddingen
Claus Penquitt
Hiddinger Str. 35
D – 27374 Visselhövede
Tel. 0 42 62-7 24
Fax 0 42 62-86 61

FS Reit-Zentrum Reken
Frankenstr. 37
D – 48734 Reken
Tel. 0 28 64-24 34
Fax 0 28 64-58 60
e-mail: fs.reitzentrum@t-online.de
Internet: www.fs-reitzentrum.de

Vereinigung der Freizeitreiter in
Deutschland e.V. (VFD)
Am Bauernwald 5b
D – 81739 München
Tel. 01 71-4 20 15 21
Fax 0 89-60 60 81 23
e-mail: bundesvorstand@vfdnet.de
Internet: www.vfdnet.de

Schweizer Freizeitreitverband (SFRV)
Lindenweg 8
CH – 1716 Plaffeien
Tel. 0 26-4 19 29 52
Fax 0 26-4 19 29 42
Internet: www.pferd-sfrv.ch

TTEAM Deutschland
Bibi Degn
Hassel 4
D – 57589 Pracht
Tel. 0 26 82-88 86
Fax 0 26 82-66 83
e-mail: bibi@TTEAM.de

TTEAM Österreich
Ruth & Martin Lasser
Anningerstr. 18
A – 2353 Guntramsdorf
Tel. 0 22 36-4 70 00
Fax 0 22 36-4 70 70
e-mail: tteam.office@aon.at

TTEAM Schweiz
Doris Süess-Schröttle
Mascot Ausbildungszentrum AG
CH – 8566 Neuwilen
Tel. 0 71-6 99 18 25
Fax 0 71-6 99 18 27
e-mail: learn@mascot-ausbildung.ch

Austrian Western Association (AWA)
Hauptstr. 40
A – 2392 Sulz
Tel. 0 22 38-84 84
Fax 0 22 38-85 45

Erste Westernreiter Union Deutschland
e.V. (EWU)
Dorfstr. 5
D – 56305 Niederähren
Tel. 0 26 84-97 90 98
Fax 0 26 84-97 91 73

Register

Mit 157 Farbfotos und 16 Zeichnungen von Cornelia Göricke, Visselhövede, ein Foto (S.134) von Ina Jehring, Wandlitz

Umschlaggestaltung von eSTUDIO CALAMAR unter Verwendung von 3 Farbfotos von Cornelia Göricke, Visselhövede.

Die Deutsche Bibliothek - CIP-Einheitsaufnahme

Ein Titelsatz für diese Publikation ist bei der Deutschen Bibliothek erhältlich

Kosmos Verlag
Mitglied in der

Deutsche Vereinigung zum
Schutz des Pferdes e.V.
Wienkamp 11 rechts
46354 Südlohn

Die Autorin

Dr. med. vet. Nathalie Penquitt lebt in Engeln, südlich von Bremen. Dort hat sie eine Pferdeschule gegründet, in der sie Kurse und Seminare rund um's Pferd anbietet. Damit hat sich die Autorin ihren Traum vom Leben auf einem eigenen Hof erfüllt und Hobby und Beruf miteinander verbunden.

Schon immer spielen Pferde eine wichtige Rolle in Nathalie Penquitts Leben. Bereits mit 16 Jahren gab sie Reitunterricht im Stile ihres Vaters Claus Penquitt. Im Laufe der Jahre sammelte sie viel Erfahrung im Ausbilden zahlreicher Pferde. Über ihre Art, Pferde vom Boden aus zu schulen, schrieb sie ein sehr erfolgreiches Buch mit dem Titel „Nathalie Penquitts Pferdeschule". Es folgte „Erste Schritte unter dem Sattel", in dem es um das Einreiten geht. Das vorliegende Buch rundet die Thematik ab und behandelt die ganze Vielfalt des Longierens. Nathalie Penquitts eigene Pferde, die auf „Hof Hohenholz" im Offenstall leben, kann der Leser in diesem Buch gleich kennenlernen.

© 2002, Franckh-Kosmos Verlags-GmbH & Co., Stuttgart
Alle Rechte vorbehalten
ISBN 3-440-08811-1
Redaktion: Gudrun Braun, Hamburg
Grundlayout: Friedhelm Steinen-Broo, eSTUDIO CALAMAR
Produktion: Markus Schärtlein, Kirsten Raue
Reproduktion: Master Image, Singapur
Satz: Satzpunkt Bayreuth GmbH
Printed in Germany/Imprimé en Allemagne
Druck und Bindung: Westermann Druck, Zwickau

Zauber der Verständigung

In diese Schule gehen Reiter und Pferd mit Begeisterung! Nathalie Penquitt zeigt die Ausbildung des Pferdes an der Hand mit dem Ziel, Gehorsam, Kommunikation und Vertrauen zwischen Mensch und Pferd zu fördern. Sie erklärt Grundlektionen wie Rückwärtsgehen, gymnastizierende Übungen wie Seitengänge und Traversalen, außerdem Zirkuslektionen wie Spanischer Schritt, Verbeugen oder Hinlegen.

Nathalie Penquitt
Nathalie Penquitts Pferdeschule

128 Seiten
186 Abbildungen
gebunden

ISBN 3-440-06897-8

VHS-Video
Laufzeit
ca. 40 Minuten

ISBN 3-440-07326-2

Das eigene Pferd selbst ausbilden zu können ist der Wunsch vieler Reiter. Nathalie Penquitt bietet ein Konzept und konkrete Erklärungen zu den einzelnen Phasen des Anreitens, die zu einem vertrauensvollen und motivierten Reitpferd führen. Angefangen beim Longieren über das erste Aufsitzen bis hin zu ersten Lektionen.

Nathalie Penquitt
Erste Schritte unter dem Sattel

128 Seiten
181 Abb.
gebunden

ISBN 3-440-07640-7

KOSMOS

Die Reitlehre der besonderen Art

Claus Penquitt
Die neue Freizeitreiter-Akademie

Eine Reitlehre anderer, besonderer Art, schonend für Reiter und Pferd, stellt hier Claus Penquitt in Wort und Bild vor. Leichtigkeit und Eleganz, Pep und Präzision bei feinst abgestimmten Hilfen und vor allem zufriedene, gelassene Pferde sind das Ergebnis dieser bis ins Kleinste durchdachten Reitlehre, einer Synthese aus altiberischer Reitkunst und praktischer Erfahrung.

300 Seiten
175 Farbfotos
gebunden

ISBN 3-440-08052-8

VHS-Videos
Laufzeit je ca. 40 Min.

Die ideale Ergänzung zum Buch! Von den Grundlagen bis hin zu anspruchsvollen Übungen für fortgeschrittene Reiter.

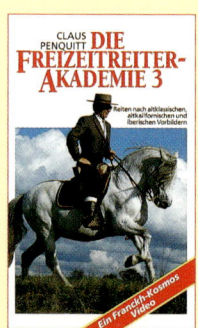

ISBN 3-440-06794-7   ISBN 3-440-06870-6   ISBN 3-440-07155-3